ANIGMA 6

双書エニグマ

nakayama yasuo

共同性の現代哲学

心から社会へ

Contemporary Philosophy of Collectivity

From Mind to Society

中山康雄

nakayama yasuo

keiso shobo

共同性の現代哲学

心から社会へ

目次

目次

目　次

序論　心と行為と社会のつながり

私はあなたに「きょうは寒いね」と言う。あなたは、「そうね。でも、人々は相変わらず仕事に出かけていく。あたかも、そうすることに何の問題もないように」と言って、さびしそうに笑う。こうして会話が続けられていく。

私には心がある。私は外に出て、手が冷たくなるのを感じる。そして、私は、立っているあなたの手が同じように寒さに震えているのだと思う。私は、当然、あなたにも心があるのだと思っている。実際、私たちの言語は、心についての語であふれている。

この本には、心と言語から始まり、社会の成立までを説明しようという企てが書かれている。そのような企てを行った最近の哲学者には、「言語行為論の哲学者」として有名になったジョン・サール（J. R. Searle, 1932-　）がいる。しかし、私は、サールの企てはいくつかの点で誤っていると考えている。そこで、私は、本書で、心から社会へいたる道を私なりに書き記してみたいと思っている。

心から社会へいたる道を示すことは、社会がどのように組織され、社会制度がなぜ有効性を持つのかを示すことにもなるだろう。生物体が数々の細胞からなるように、社会組織は多数の個人からなっている。生物体を構成する細胞と細胞をつなぎ合わせる原理が相互作用と相互依存を可能にする物質代謝にあるなら、社会組織を構成する個人と個人をつなぎ合わせているのは「心の共同性」である。私は、この「心の共同性」のことを、本書では、「集団的志向性（collective intentionality）」と呼ぶことにする。

ここで、「東京はどこにあるのか？」と問うてみよう。それは、もちろん、六本木、渋谷、新宿などを含んだ地域である。しかし、東京は、いま私の目の前に広がる山があるようにあるのではない。現に、東京を形作る大地の部分は二百年前にもあったはずだが、当時、東京はまだなかった。二百年前には、「江戸」と呼ばれる地域があったが、その江戸はもはや現在では存在しない。東京があったり、なかったりするのは、何によってなのか？　それは、最終的には、人々が（相互に）「東京がある」と思っていることによっている。人々が「東京がある」と思うことをやめれば、東京はなくなってしまうのだ。かつて、江戸がそうであったように。一八六八年に、江戸は東京に取って代わられている。人々は、そのとき、それまで「江戸」と呼んでいた地域を「東京」と呼ぶようになり、東京が存在するようになったのだ。このことを本書では、さらに詳しく説明しようと思う。私は、サールにならって、東京の存在のように、集団的信念を基盤にしてはじめて成り立つ事実のことを「制度的事実（institutional fact）」と呼ぶことにする。

一方、私の心とは何であり、あなたの心とは何なのか？　本書で、私は、「私の心は、私があると思っているからあるのだ」という立場を取る。逆に言えば、私が考えようとし、そのように考えているのは自分だと私が知っているとき、私の心はすでにそこにあるのだとし、そのように考えているのは自分だと私が知っているとき、私の心はすでにそこにあるのだと言える。だから、デカルト（R. Descartes, 1596-1650）が指摘したように、私には心がないと考えるのは自己矛盾なのである。私には心がないと考えることを可能にしているのは、私に心があるという事実だからである。私が何かを考えたり、何かを欲していたり、悲しんでいたりすれば、私は、同時にそのことを知っている。このような高等動物特有の反省作用により成り立つ事実のことを、私は「内省的事実（introspective fact）」と呼ぶことにする。

しかし、私がいろいろ複雑なことを考えたり欲したりできるのは言語があるからであり、言語は、日本語や英語などのように言語共同体の中で使用されるものである。そして、私は、多くの人々が語る事柄に耳を傾け、その影響下に私の意見や見方を形成している。だとするなら、私の心は、私が属している様々な社会組織により影響を受けることにより発達してきたはずである。ここには、社会から心へという影響の方向性を見出すことができる。細胞が生物体の一部であることにより生き続けることができるように、私は、社会組織の一員であることにより、はじめて生き続けられるのだ。

ここで、本書の内容をまとめておこう。本書は、心から社会への道筋を四つのステップに従って説明していく。

第Ⅰ部「心と行為」では、個人の心と個人の行為がテーマにされる。ここで言う個人とは、自分の目的に従って自分の知識を活用して当面の問題を解決しようとするような合理的行為者（rational agent）のことである。この合理的行為者の持つ信念や欲求や意図は、分析哲学では、志向性（intentionality）と呼ばれる。また、目的に従って行為者が行動を起こすという説明形式は、「素朴心理学（folk psychology）による説明」と呼ばれる。第Ⅰ部では、このような合理的行為者の志向性に関する問題を心の哲学と心理学の心の理論説の観点から論じていく。

第Ⅱ部「言語使用と行為」では、何かを言うことにおいてある行為を遂行しているという現象の分析がテーマとされる。まず、発話を行為として捉えた言語行為論が何だったかを問うことから、この議論は始められる。私たちは、日常生活で、言語を使用することにより多くのことをなしている。挨拶や約束や謝罪や告発は、普通、言語を用いてなされている。しかも、「約束する」などの遂行動詞（performative verb）は、「私は、～を約束します」などと言うことにより、約束を遂行することができるという特性を持っている。私たちが、このように、「文を発することにより、一体、何をなすことができ」、「何故、そのようなことをなすことができるのか」という問題が、言語行為論の中心問題である。

言語行為論は、オースティン（J. L. Austin, 1911-1960）により提案され、サールにより体系化されたと言われている。しかし、この言語行為論は、孤立した文の発話の分析に終わってしまっているところに、その限界がある。発話は、それが埋め込まれている語り全体やコミュニケーションや相互的行為連鎖の文脈の中に位置づけられ、分析されるべきなのである。そこで、私は、発話を行為の一種として分析することを第四章で提案する。そうすることにより、発話を複数の人により達成される行為構造の中に位置づけることができる。[1] また、発話を行為の一種として捉えることにより、第Ⅰ部で議論する志向性との関係も明らかになるのである。

第Ⅲ部「共同の行為と心の共同性」では、「集団的志向性」や「共同行為（joint action）」という概念が導入され、これらが何であり、現実世界でどのように働いているかが分析される。集団的志向性は、集団が持つとされる志向的状態である。この集団的志向性がその集団に属する人々の志向的状態の特定のものとして説明できることを、私は第五章で論じる。だから、「私たちは～を欲する」ということも、「私たちひとりひとりが～と欲しており、そのことを私たちひとりひとりが知っている」というように、私たちひとりひとりの心的状態により説明でき、「集団の心」というようなものの存在を仮定する必要はなくなるのである。

集団的志向性の分析は、共同行為の分析には不可欠である。というのも、集団Gの共同行為は、Gにおける目的の共有を前提とするからである。共同行為は、私たちの日常にあふれている。例えば、与えられた宿題を二人で分担して解いて最後に一つにまとめるのは、一つの共同行為である。また、二人で材料を切り一つの料理を作ることも共同行為であり、複数の人が分担して学校の清掃をするのも共同行為である。これらの行為の背後には一つの共有された目的があり、その目的を達成するための作業の分担がある。また、会議や討論会も共同行為である。そして、普通の会話でさえも、人々は互いに協調しあって会話を成立させようとしているのであり、共同行為なのである。このように、コミュニケーションの問題を共同行為として記述する足場を第Ⅲ部の議論は提供している。そして、共同行為の複合性を視野に入れることにより、ヴィトゲンシュタイン（L. Wittgenstein, 1889-1951）が「言語ゲーム（Sprachspiel, language game）」と呼んだものが何なのかが明らかにされる。言語ゲームとは、複数の人が参加する行為と発話がからみあったひとまとまりの行為連鎖に他ならない。こうして、私たちは、言語行為論よりも適用範囲が広く柔軟なコミュニケーション理論を手に入れることができる。

第Ⅳ部「社会組織成立の基盤と認識の歴史性」では、社会組織は何を基盤に成り立ち、それが存続できるのはどのような条件のもとであるかが議論される。社会組織は、法律や掟などの成文化された規定や暗黙の規定を基盤にしている。つまり、ここには、制度の成立が前提とされている。しかし、この制度とは何であり、それは、どのように導入されるのか？　私が財布の中に持っている紙切れは、何故、千円札として通用するのか？　それは、私たち日本人がそのような紙切れが千円札だと集団的に信じているからにほかならない。つまり、集団Gの制度は、Gの集団的信念により支えられている。そして、制度の多くは、宣言（declaration）と呼ばれるタイプの発話により導入される。例えば、日本の首相は、誰が大臣になるかを任命と呼ばれる宣言によって定めることができる。宣言は、このように、権限を持った人による適切な場での発話の一種である。

生物体は、たえず代謝を行い、外界からエネルギーを得、自らの構造を維持しながら内部の構成物を交換し生き続けている。そして、生物体の構成物の自己存続は、生物体自身の自己存続と相互依存の関係にある〔中山（2003a）p. 227〕。脳が活動しなくなれば人は死んでしまうが、逆に、心臓が停止し人が死んでしまうとき、脳も死んでしまう。この生物体と生物体の構成物との間に成り立つ関係と類似した関係が、社会組織とその構成員との間に成立する。構成員が存続しなくなれば、もちろん社会組織という構造は維持できないが、逆に、社会組織の存続が構成員の生存を支えている面がある。会社をリストラされれば、生活はできるものの生きることは厳しくなる。また、日本という社会組織に属すればこそ、失業保険金を受け取ることができ、ある程度生活できる。このように、個人の生存形態は、その個人が属する社会組織の存続に強く依存する面があるのである。

生物体の場合、相互作用の担い手は物質代謝であった。これに対し、社会組織の場合、相互作用の担い手は、行為と志向性の変化や維持である。例えば、うまく機能している会社に勤めている会社員たちの間には、信頼関係がある。つまり、自分が他の社員に仕事をt日までに処理してくれるよう頼んだなら、それが事前に互いに了承していた仕事の分担に適合するものであったなら、その社員はそれをやってくれるだろうと人々は信頼して働いているのである。このような基本的な信頼関係が崩れた場合、会社組織は崩れ去るだろう。だから、構成員の間での信頼関係という相互信念は、会社組織存続の条件となっているのである。

そして、このような組織は、伝統の上に成り立ち、その活動により伝統を変えていくものである。

伝統は、信念の伝達と権威の存在にその起源を持っている。私たちは、すべてを自分で考えたわけではない。個人の思考には、伝統にその源泉を持つ多くの暗黙の前提が隠されている。伝統の問題は、あらゆる文化現象に当てはまるが、科学研究の場合、研究伝統（research tradition）という伝統が不可欠である。権威が個人にとり積極的意味を持つことを指摘したのは、哲学的解釈学を唱えたガダマー（H. G. Gadamer, 1900-2002）であり、科学哲学に一つの革命をもたらしたクーン（T. Kuhn, 1922-1996）であった。私たちが自分自身でいられるのは、社会との関わりの中であり、歴史の中に投げ入れられ、さらに、自らの行為により歴史を作り上げていく存在者であることによってなのである。私たちは、権威の影響下にはあるが、自らそのような権威を生み出す行為者でもある。知の作業が共同的であるためには、権威が存在しなければならない。権威に従って、まだやり残されている研究に従事することがクーンの言う「通常科学（normal science）」の活動であり、古い権威を投げ捨てて新しい考察の基礎を提案し新しい権威を築くことが、クーンの言う「科学革命（scientific revolution）」である。個人がなすどのような知の作業も、権威と伝統という共同的基盤のうえに築かれているのである。だから、知の発展というダイナミズムは、集団による知の共同的生成の過程なのである。

I　心と行為

心とは何だろうか？　私たちは、いつ、何かが心を持っていると言うのだろうか？　これは、心の哲学における大問題であり、このことをめぐって多くの書物が書かれている。本書の立場は、私たちの生活実践にそって心の問題について考えようというものである。「他者には心があるのか？」という問いは、他我問題と言われるが、実際の生活の場では私たちは人々が心を持つものと前提して生きている。だから、このような生活実践こそが、「心とは何か？」、「他者には心があるのか？」という哲学的問題に答えてくれるのだというのが、私が本書で取る立場である。

「私は頭が痛い」、「私はカレーが食べたい」などと私が言うとき、私は、私の心の状態に関しても語っている。このように、私は、常に、私には心があるものと前提して生活している。私が本書で問題にしたい心というのは、この生活実践で語られる心の状態である。

第一章　志向性と合理的行為者

私は、今日自分が寝坊したことを知っており、三十分後に仕事に出かけなければならないことを知っている。外では雨が降っているので、出かけるときには傘を持っていこうと思っている。このように何かを信じるという状態や、何かをする意図を持っているなどの状態は、志向的状態である。志向性とは、何かに向けられているという心の特性を表している。(1) そして、合理的行為者とは、理由をもって行動する者をここでは意味している。信念や意図や欲求は志向的状態だが、これらの状態は、合理的行為者にあっては、どのような関係にあるのかを説明するのが本章の課題である。

1　心と志向性

本書では、心的状態のうち、特に、志向的状態に注目する。それというのも、合理的行為者を特徴付けるのは、志向的状態と行為と環境の間に成り立つ相互作用の特定の形態だからである。

心の実在についての問い

心は本当にあるのか？　いつ心があると言えるのか？　このような問いに対し、心についての実在論や反実在論などの立場が考えられる。心が実在しないとする反実在論には、例えば、チャーチランド（P. Churchland）などが取る消去主義（eliminativism）や、道具主義（instrumentalism）などがある。一方、心についての実在論には、心が物体とは独立の実体として実在するとする二元論や、ある人の心の状態は（場合によっては、環境も含めた）その人の持つ身体的状態によって完璧に定められていると考える物的一元論など様々なものがある。

心の実在についての問題の根源は、「素朴心理学に代表されるような心についての語りがどのような語りであるか」という問題にある。消去主義者は、心についての日常の語りが科学的に見て誤ったものであり、科学の進展とともに科学的言語により置き換えられるべきものと考える。これに対し、デイヴィドソン（D. Davidson, 1917-2003）などの「非法則論的一元論（anomalous monism）」と呼ばれる立場を取る哲学者たちは、物体言語による人物についての語りも、心的述語を用いた人物についての語りも、同様に可能であると考える。彼らは、この二つの語りは一方が他方に論理的に還元できるようなものではないとする。そして、物体言語による語りも心についての語りも同一の対象物についての語りだが、物体言語の方が豊かなので、存在論としては物体の存在論を取ることになる。私自身は、デイヴィドソン流の非法則論的一元論が正しいと思っているが、本書でこの立場を詳しく擁護しようとは思ってはいない。というのも、私にとって重要なのは、心についての語りの実践の方だからである。

心についての道具主義者に分類されるデネット（D. C. Dennett, 1942-　）は、『「志向姿勢」の哲学』（1987）において、「心とは何か？」という問いに対し、「説明や予測はどのようになされているか？」という問いに答えることによって答えようとした。心についての語りが役割を果たす場合の一つは、ある人の行為の動機を説明したり、その人の未来の行為を予測したりするときである。デネットは、このような説明や予測と結びつけて心を分析したが、そのときに特に重要になるのが、欲求や信念や意図という志向的状態である。

デネットのアプローチは、私たちの生活実践に注目して心を捉えようとするアプローチである。本書では、心を行為との関連において捉えるため、このデネットのアプローチは、特に重要な位置を占めることになる。第2節で、デネットのアプローチを説明するが、その前に、心と身体の境界が明確に引かれているわけではないことを指摘しておこう。

志向的状態と身体

デカルトは、心と身体を互いに独立な二つの実体と考えたが、神経科学の観点に立つと、心の働きを生み出すと考えられている神経系と身体の働きを統御する神経系は結合しており、相互に関係しあっている。神経系は、身体全体に分布しており、その中枢が脳や脊髄などの中枢神経系となっている。大脳は、大脳皮質と大脳基底核からなるが、大脳皮質には、「古い脳」と呼ばれる古皮質や原皮質と、「新しい脳」と呼ばれる新皮質があり、これらは神経により連結され、お互いの活動に影響を与え合っている。人間の大脳は、他の高等動物に比べて特に発達しており、人間特有の高度な思考を可能にしている。重要なことは、大脳新皮質の領野の間に連結が見られるだけでなく、新皮質と大脳基底核の神経間にも連結があり、相互に影響しあい、相互に活性化をうながすということである。つまり、身体運動や知覚や思考過程や判断過程は、鮮明な境界で区切られたものではなく、一連の活動において連続しているということである。このように、神経系という観点から見ると、心と身体の間に明確な境界はないのである。

志向的状態は、心的状態の中でも高度なものに属する。痛みを感じたり、音に気づいたりするのは、志向的状態よりもさらに基本的な状態である。自分が思うように指を動かしたり足を動かしたりする身体能力もまた、基本的なものである。志向的状態は、様々な基本的心的能力や身体能力を土台にして成り立っているものである。(2)

特に、欲求は、志向的状態の中でも、身体とのつながりが強く、しかも、発達の初期の段階で形成が始まると考えられる〔第二章1節〕。欲求を持つことは、行動の開始をうながし、欲求が満足され消滅することは、一連の行動の終結をもたらす。このことは、食欲を例にすれば、わかりやすいだろう。おなかがすき、何かを食べたいという欲求を持てば、何らかの手段をこうじて、何かを食べることを実現させ、おなかが一杯になり食欲がなくなれば、私は食べることをやめる。こうしたことを、私たちは、日常で繰り返している。

2　志向性とは何か――デネットの志向システム

志向性が何であるかについて、デネットは、いくつかの基本的な提案をしている。デネットの提案は、本書全体の基礎を形作る重要なものである。この節では、デネットの提案の中で私が受け入れたいと思っている二つの提案について詳しく見ておこう。

デネットの三つの説明戦略（物理戦略、設計戦略、志向戦略）

デネットは、「心とは何か?」という問いに、「説明や予測とは何か?」という問いに答えることによって答えようとした〔Dennett (1987)〕。システムのふるまいを予測したり説明したりする場合の基本的な世界の見方として、デネットは、物理的スタンス（physical stance）、設計的スタンス（design stance）、志向的スタンス（intentional stance）という三つのものをあげる。これらのスタンスに対応して、三つの予測戦略がある。

（1）デネットの三つの予測戦略

システムのふるまいを予測する戦略として次の三つのものがある〔p. 16f, 邦訳 p. 26f〕：

(a) 物理戦略：システムの物理的組成やそのシステムへの影響の物理的性質や物理法則の知識を用いて、システムのふるまいを予測する。

(b) 設計戦略：システムの物理的組成には注目せず、そのシステムが設計意図どおりに動くことを前提にして、そのシステムのふるまいを予測する。

(c) 志向戦略：システムが合理的行為者であることを前提にして、その行為者が持つ欲求や信念を推測し、これに基づき、この行為者がどのようなふるまいをするかを予測する。

これら三つの戦略は、システムの未来のふるまいに適用されたときに予測となるのであり、システムの過去のふるまいが何故起こったかを説明しようとするときにも同様に用いることができる。その意味で、これらの三つの戦略は、過去のシステムのふるまいに対する説明戦略としても機能する。

物理戦略は、最も基本的で原理的な予測・説明戦略である。物理主義者（physicalist）にとっては、物理戦略は、原理的には、どんな場合にも適用可能な普遍的戦略であるはずである。しかし、この原理的適用可能性は、私たちが実際の場面でいつでもこの戦略を適用できるということを意味しない。というのも、物理理論を適用するためには、正確なデータが手元に用意されていたり、必要な物理理論がすべて発見されていてしかもそれが広く知られていたり、複雑な計算を短時間に遂行できることが前提にされている場合があり、これらの条件をすべて充たすことは、多くの場合、現実的に不可能だからである。このような理由で、多くの場合、私たちは物理戦略を用いることができない。

次にデネットが有効な戦略としてあげるのが、設計戦略である。デネットは、目覚まし時計の例を用いて、この戦略を説明している。目覚まし時計がいつ鳴るかは、文字盤を見るだけで推測がつく。このとき、その時計がネジ巻き式か、バッテリー式か、太陽電池式か、などは知る必要がない。このとき、私たちは、セットされた時刻に目覚ましが鳴るよう目覚まし時計は設計されており、その時刻まで（そしてそれを過ぎても）時計は動きつづけ、ある程度正確に動くよう設計されているなどということを前提としているのである〔p. 17, 邦訳 p. 27〕。また、物理戦略自身の中でさらにミクロの状態を参照するというような説明の階層性が可能なように、設計戦略においてもさらに細部の設計を参照するという説明の階層性が存在する。

設計戦略が有効なのは、設計者が物理的関係をよく理解してシステムの目指された機能が充たされるよう、物理的・工学的知識を駆使してそのシステムを設計したからだ。このように設計的スタンスで説明できるものも、原理的には、物理的スタンスにより説明可能なものなのだ。そして、デネットが指摘するように、生物体も設計的スタンスで説明できる：

「人工物だけではなく多くの生物学的対象（植物と動物／腎臓と心臓／雄蕊と雌蕊）も設計的スタンスから予測できるふるまいをする。つまり物理システムのみならず設計システムでもあるのだ[3]」〔p. 17，邦訳 p. 27〕。

設計戦略が有効なのは、単純なシステムの場合が多いだろう。まわりの状況に応じて別のふるまいを見せるような複雑なシステムの予測・説明にしばしば有効になるのが、志向戦略である。志向的スタンスをデネットは、次のように説明する：

「設計的スタンスでも実際は利用できないこともあり、その場合に採用できる別のスタンスまたは戦略がある。それが志向的スタンスである。志向的スタンスが有効な仕組みはこんな具合だ。まずふるまいを予測しようとする対象を合理的行為者として扱うことにする。それから、その行為者の世界における位置や目的から、それが持つはずの信念を推測する。同様にしてどんな欲求を持つはずかを推測し、最後にその信念に照らしてこの合理的行為者が目標に邁進するために行動するだろうと予測するのである。信念や欲求の部分集合から少しばかり実際に推論してみれば、多くの場合に行為者が何をするべきかについての結論が出てくる。これが、行為者が何をするだろうかについての予測なのである」〔p. 17，邦訳 p. 28〕。

私たちは、状況に応じて、あるシステムのふるまいの予測のために、物理戦略・設計戦略・志向戦略の三つの戦略のうち最も有効と思われるものを適用すればよいのである。説明する対象が人間であるからといって、いつも志向戦略が用いられねばならないというわけではない。例えば、アルコールが人間の判断力におよぼす影響を説明するのに物理戦略を取ることは有効である。この三つの戦略においては、一つの戦略の適用可能性が他の戦略の適用可能性を無効にするわけではないのである。つまり、これらの戦略は、排他的なものではなく、ともに有効性を持ちうるものである。

志向システムの階層

志向システム（intentional system）とは、「志向戦略によってふるまいが充分な信頼性を持って予測できるシステムのこと」〔p. 15, 邦訳 p. 25〕である。そして、志向システムには複雑性の階層がある。

（2）デネットの志向システムの階層

志向システムは、志向的状態の入れ子をどれだけ持つことができるかによって、区別される。第一次の志向システムは、志向的状態にあることはできても、志向的状態の入れ子を許さない。これに対し、第n次の志向システムは、第n-1次の志向的状態についての志向的状態を持つことができる。なお、以下の例における志向的状態の二つの形式的表記法は、私によるものである。

(a) 第一次の志向システム：第一次の志向システムは、信念や欲求などの志向的状態を持つことができるが、信念や欲求に関する信念や欲求は持っていない。

例：AはBの退席を欲している。

表記Ⅰ：Aは欲している「Bが退席する」

表記Ⅱ：(A)｛欲求：｛Bが退席する、…｝、信念：｛…｝、意図：｛…｝｝

(b) 第二次の志向システム：第二次の志向システムは、信念や欲求などの志向的状態――これが自分自身の信念や欲求であるか、他者のものであるかは問題とならない――に関する信念や欲求などの志向的状態を持っている。

例：AがBの退席を欲しているとBは信じている。

表記Ⅰ：Bは信じる「Aが欲している^2「Bが退席する」^{2}」

表記Ⅱ：(B)｛欲求：｛…｝、信念：｛Aが欲している「Bが退席する」、…｝、意図：｛…｝｝

(c) 第三次の志向システム：第三次の志向システムは、第二次の志向的状態についての志向的状態を持つことができるシステムである。

例：AがBの退席を欲しているとBが信じることをAは欲している。

表記Ⅰ：Aは欲している「Bが信じる^2「Aが欲している^3「Bが退席する」^{3}」^{2}」

表記Ⅱ：(A)｛欲求：｛Bが信じる「Aが欲している^2「Bが退席する」^{2}」、…｝、信念：｛…｝、意図：｛…｝｝

(d)　第n次の志向システム：第n次の志向システムは、第n-1次の志向的状態についての志向的状態を持つことができるシステムである。

人間は、複雑な志向システムだと考えられ、志向戦略を用いて相手の行動を予測していると考えられる。何故、人間のような複雑なシステムが進化の過程で生まれたのだろうか？　デネットは、そこに社会生物学的理由がある可能性を指摘している：

「もう一つの理由は、志向システムの次元が高いということが、相互的利他行動といった相互作用的特性に関して、社会生物学的文献の領域で研究されている特性の顕著なしるしとなっていることである。相互的利他行動（や他の複雑な社会的関係）のシステムの維持に必要な心的表象の複雑性の増加が、進化の過程で一種の知力の武装闘争につながった、といったことまで考えられているのである（Trivers（1971）による）」〔p. 244, 邦訳 p. 280〕。

ここでは、相互的利他行動と種の存続の問題があげられており、これが心的構造の複雑性の増加と関連づけられている。また、心的態度の相互帰属は、共同行為の成立にも必須の条件と考えられる。集団の存続を支える要因の一つとして、心的構造の複雑性と相互作用的志向戦略の適用が考えられると私は思う。これらは、本書第Ⅱ部以降の議論の中で、明らかになるだろう。

また、デネットは、第二次志向システムへの移行こそが、「再帰的構造への決定的な一歩」〔p. 244, 邦訳 p. 280〕だと指摘している。「いったん埋めこみの原理をレパートリーに加えたら、後は、ある意味で心に抱くものの複雑さは、システムの洗練度の根本的な尺度というよりは、記憶や注意の持続期間、あるいは「認知的作業領域」への制限のように見えてくる」〔p. 244, 邦訳 p. 280〕からである。第二次以上の志向システムの第一次の志向システムに対する質的差異は、次節のテーマでもある。また、本書では、第二次以上の志向システムのことを「高次の志向システム」と呼ぶことにする。(4)

3　志向システムの分析

この節では、デネットの志向システムの議論を越えて、志向システムのさらなる分析をデネットの立場には縛られないで分析してみよう。

私の心――私はどのようにして私であるのか

デネットは、三人称的視点から心について考える哲学者である。確かに、私たちは、志向的システムの心的状態に関する記述の仕方を、コミュニケーションを通して学ぶ。しかし、私の心的状態は、明らかに、他者の心的状態とは異なる形で私に開かれている。私にまつわるこの種の特権性は、「一人称的権威（first person authority）」と呼ばれている〔Davidson (2001) Chap. 1〕。私は、私について考えるとき、日本語という公共的言語を用いて考えており、私にしか理解できない「私的言語(private Sprache, private language)」を用いているわけではない(5)。それでも、私が見ているこぶしの花の白さは、私が感じているものであり、この感覚を、あなたが見ているこぶしの花の白さと直接比べることはできない。つまり、感覚質(qualia)と呼ばれる現象的質は、言語システムに属さないので、「私的言語は不可能である」という論法をこの問題に適用することはできない。

私たちが、他者に対してと同様に、自分自身に対して志向戦略を用いることもあるのは確かである。例えば、過去の自分の行動を分析したり、未来の自分の行動について計画したりするとき、自分自身に志向戦略を適用していることは、大いに考えられる。また、自分が何を意図して行動を起こしたのか忘れてしまったとき、私たちはしばしば他者にするのと同じように志向戦略を用いると考えられる。

しかし、私は、他者とは別の側面を持っており、それがために、私自身という存在として確保されている。私を私たらしめている最大の要因は、私の(現在の)心的状態の透明性である。これは、感覚質の場合には明らかである(6)。私が痛みを感じていれば、私は痛いと思っているのである。また、私が何かを主張するなら、私は自分がそのことを信じていることを知っている。このようなことが成り立たないなら、「どこか精神的におかしい」と私について言われたりする。つまり、心的状態の透明性は合理的行為者であるための条件となっている(7)。

私たちは、他者に心的状態を帰属する。しかし、「自分自身に心的状態を帰属する」と言うのは、奇妙に響く。それというのも、私の(現在の)心的状態は私に透明だからである。私は、あえて「自分に心的状態を帰属させよう」としなくても、私はすでに何かを信じており、すでに、ある心的状態を持っている。また、私が何かを欲したり、何かを意図しているとするなら、私はそのことを欲したり意図したりしていることを知っている。心的状態Xが私に透明であるということは、私が心的状態Xを持つということが、自分が心的状態Xを持つという信念を私が持つということと同じことになっているということをそもそも意味している。

（3）　高次の志向システムにおける心的状態の透明性(8)

任意の高次の志向システムAと任意の心的状態Xについて次のことが成り立つ：

　AがXを持つ　⇔　自分がXを持つとAが信じている。

高次の志向システムでは、内省的事実が形成される。知識を真なる信念として定義した場合、（3）から直ちに、心的状態Xを持つことはそのことを知っていることに他ならないことが容易に証明できる〔中山（2003b）〕。

（4）　自分の心的状態と知識

任意の高次の志向システムAと任意の心的状態Xについて次のことが成り立つ：

　AがXを持つ　⇔　自分がXを持つとAが知っている。

デネットには、このような一人称的体験に対する配慮がしばしば欠けている。

足が痛いと美穂子が思っていることを、私たちはどのように知ることができるだろうか？　それは、美穂子に聞いてみるほかにないだろう。このように、心的状態については、それを体験している本人の報告により、私たちは、その人がどのような心的状態にあるかを知るのである。だから、志向性の意味論を考えるときにも、この意味論の最終的な手がかりは、内省的信念能力にある。例えば、「足が痛いと美穂子が思っている」という文が真なのは、美穂子の信念の中に、自分の足が痛いことが含まれているとき、かつ、そのときに限るのである。

また、時として、私自身の持っている自己像が私自身の行動に影響を与えることがある。私たちは、自分がある特定の性格を持っていると思っている。例えば、自分が消極的人間だと私が思っていることは、私が何であるかを規定している。私は、この自己像に従って行動し、私の行動パターンがこうして作りあげられる。私の自己像が変われば、私の行動パターンも変わるであろう。ある物体が机であるように、私の自己像は定められるわけではない。私があることをするときに感じる精神的苦痛や喜び、そして、他者からの評価を受けながら、環境の中で耐えうる私の行動パターンの模索との相互作用の中で私の自己像は定められている。だから、私の自己像を変えるということは、私を取り巻く環境との関わりの仕方を変えることにつながっていく。キルケゴール（S. Kierkegaard, 1813-1855）は、『死にいたる病』の冒頭部で、「自己はそれ自身に関わる関係である」と言ったが、私は、自分をある特定の者として理解している限りにおいて、私であることができるのである。

心の哲学における命題内容の問題

はじめ、私は、Aが空腹だと思っている。そして、Aに、「おなか、すいてる?」と聞くと、Aは「そんなことないよ」とこれを否定する。そこで、私は、Aは空腹ではないと思うようになる。このような私の反応は、「おなかがすいている」という命題内容を私とAが同じように捉えていることを前提にしている。このように、命題内容の共通理解を当然のこととして、私たちは、通常、会話をしている。

Aが考えることの内容は、Aの信念状態に依存している。これは、「狭い内容（narrow content）」と呼ばれるものである。[9] ある文のAにとっての命題内容がAの脳状態などの内的状態によって完全に定められているとき、この命題内容は「狭い内容」である。私は、青酸カリが毒であるということを知っている。しかし、青酸カリというものがどのような化学組成を持ち、どんな量で致死量にいたるかを、私は知らない。それを詳しく知っているのは、専門家である。私が理解しているのは、「青酸カリ」の狭い内容にすぎず、日本の言語社会で「青酸カリ」の意味として認められている広い内容（broad content）ではない。そして、人の行動に影響を与える命題内容は、常に、その人の持つ狭い内容なのである。そうすると、「Aがpを信じている」などと私が言うとき、私とAの間でpの命題内容が異なるなら、私のAに対する信念帰属はいかに正当化されるのかという問題が発生する。

この問題は、「（内容に関する）個人言語（idiolect）」と「共通言語（common language）」という用語を用いても説明できる。個人言語というのは、方言（dialect）の一種である。ある方言がある地域集団における共通言語の変種であるように、個人言語は個人における共通言語の変種であり、私的言語と異なり、他者にも理解可能な言語である。正確に言えば、私が理解している志向的状態の内容は、常に、私の個人言語で表現されており、あなたが理解している内容は、あなたの個人言語で書かれている。私たちがお互いに理解しあえるのは、私とあなたの個人言語の間に重なりがあるからだ。(10)

このように、二人の人間の間の個人言語間の重なりを保証しているものは何だろうか？ それは、二人の人間の間の信念総体が似ていることに基づいている。また、先ほど、述べたように、二人が同じ言語共同体に属し、「青酸カリ」の意味については、化学者を信頼するというように、同じように判断するとき、二人の間に共通言語と言ってよいものが成立していると言ってよいだろう。

すでに述べたように、言語の共通性と信念総体の類似性は深く関係している。しかし、日本語と英語というように異なる言語を話す者の間でも、信念総体の類似性が成り立っていれば、ある程度の精度での翻訳が可能になる。ここでは、信念総体ばかりでなく、人々がどのように生きているかも似通っているのだ。しかし、まったく異なる生活実践を持つ部族の語る言語表現のどれくらいを、私たちは自分の言語に翻訳できるだろうか？ ここで、後期ヴィトゲンシュタインであれば、「生活形式(Lebensform, form of life) が一致する限りにおいて」と言うだろう。私たちが、言語を学ぶことができるのは、私たちの生物学的類似性や文化的類似性を前提にしているからだ。狼に育てられた少女や少年に言語を習得させることが困難なのは、この生活形式の一致が少ないところにもその原因の一部があると思われる。もちろん、ここには、学習の臨界期のような脳の構造上の問題も関係していることだろう。

信念の内容と他の志向的状態の内容

欲求の内容や意図の内容とは何だろうか？　それらは、信念の内容とどのように関わっているのだろうか？　このことについて考察するために、勇が明に机の上にある赤い本を取ってもらいたいという状況を考えてみよう。このときの勇の心的状態には、少なくとも次の二つの表記の仕方がある：

（5）「勇が机の上にある赤い本を明に取ってきてもらいたい」という志向的状態の描写方法：

(a)（勇）｛欲求：｛明が机の上にある赤い本を持ってくる、…｝、信念：｛…｝、意図：｛…｝｝

(b)（勇）｛欲求：｛明がcを持ってくる、…｝、信念：｛cは机の上にある、cは赤い本、…｝、意図：｛…｝｝

(a)では、明が机の上にある赤い本を持ってくるということが勇の欲求の内容と考えられている。これに対し、(b)では、机の上に赤い本があると勇が思っており、明がその本を持ってくるということをそれと同時に勇が欲していることが表現されている。[11]

ここで、(a)と(b)から何が帰結するかを考えてみよう。(a)の場合には、明が机の上にある赤い本を持ってくれれば、それがどんな本であっても勇の欲求は充足されることになる。これに対し、(b)の場合には、勇は机の上にある特定の赤い本があると考えており、この本を明が持ってくることを望んでいることになる。また、(b)からは勇が机の上に赤い本が置いてあると信じていることが帰結するが、(a)からだけではこのことは帰結しない。つまり、(a)の場合には、勇の単なる漠然とした願望が述べられているケースも容認されている。「机の上にある赤い本取ってくれる？」と勇が発話する場合は、勇は現実にある本を取ってきてもらいたいのだから、(b)のような志向的状態の表記がなされるべきなのである。

そして、今述べたことは、当然、意図に関しても成り立つはずである。明が机の上にある赤い本を持っていくことを意図することは次のように表されるべきである。

(6)「明は机の上にある赤い本を持っていくことを意図している」の記述
(明){意図：{私がdを持っていく、…}、信念：{dは机の上にある、dは赤い本、…}、欲求：{…}}

ここでの考察からわかることは、欲求や意図の内容が信念全体を背景に成り立っているということである。欲求や意図の内容となる命題に現われる表現の意味は、信念全体の中で定まるその表現の意味にほかならない。

信念には、クワイン（W. V. O. Quine, 1908-2000）が主張したような全体性がある。つまり、ある人のある信念が変わることによって、他の信念の内容も影響を受けて変わる可能性がある。命題を伴う志向的状態の中で信念の全体こそが志向的状態の内容を規定しているものである。

4　二つのエージェントモデル

第2節で見たように、志向戦略は、合理的行為者とみなせるシステムに適用することが有効な戦略である。そこで、合理的行為者とは何なのかを明確にする必要がある。エージェント（agent）は、自らの生存を保つよう環境に働きかける存在者の一つである。エージェントは、環境の中に位置し、環境から影響を受けるとともに環境に影響を与える。つまり、エージェントは環境との相互作用の関係にある。また、エージェントは内部状態を持ち、エージェントの行為はこの内部状態に依存する。この節では、二つのエージェントモデルを提案することで、ここで問題としようとする行為者像を明確にしておきたい。

複雑適応系としてのエージェント（エージェントモデルA）

エージェントは内部状態を持ち、その内部状態は、環境に影響されるとともに、そのエージェントの身体運動に影響を与える。このようなエージェントのモデルを「エージェントモデルA」と呼ぶことにする。エージェントの内部状態を「スキーマ」と呼ぶとき、エージェントモデルAはゲルマン（M. Gell-Mann）の複雑適応系（complex adaptive system）に対応することになる。複雑適応系とは、ゲルマンの定義によれば、入ってきた情報から規則性を抽出し、それをスキーマと呼ばれる内部モデルへと圧縮して、そのスキーマをもとに行動するようなシステムである〔井場・福原（1998）p. 91, Gell-Mann（1994），中山（2002b, 2004a）〕。

　複雑適応系は、スキーマに基づいた行動を起こし、その行動が環境で生み出す効果のフィードバックを受けて必要があればスキーマを修正し、より環境に適した行動パターンを学習していく。スキーマの修正や行動決定は、単純なメカニズムに従って遂行されるにすぎない。しかし、スキーマの生成は学習アルゴリズムと環境からのフィードバックにより定められるので、行動決定自身が何重もの環境との相互作用を経由していることになる〔図1〕。

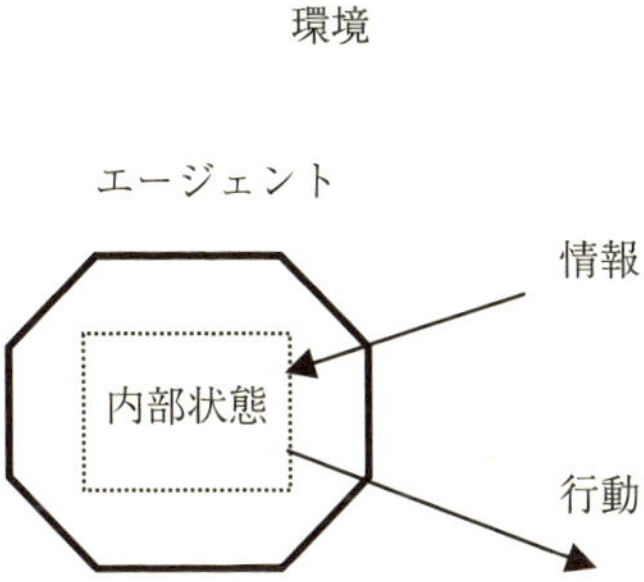

図1　エージェントモデルA

　複雑適応系としてのエージェントであるためには、第一次の志向システムであれば十分である。Aタイプのエージェントの特徴は、学習能力にある。複雑適応系の内部モデルは、それが置かれている環境を表現していると言ってもよいかもしれない。しかし、第一次の志向システムは内省能力を持たないため、環境と自己や外部と内部を区別することができない。Aタイプのエージェントは、適切に行動することを学習しても、それは、そのエージェントが特定の学習メカニズムを装備しているので、そのように行動していると言ってよいだろう。「条件反射による学習」などと説明される事例は、Aタイプのエージェントの学習に典型的に見られるものである。

合理的行為者（エージェントモデルB）

信念・欲求・意図などの心の状態は、哲学では「命題的態度」と呼ばれる。命題的態度を自分や他の存在者に帰属する行為者を「命題的態度を持つ行為者」と呼び、この行為者モデルを「エージェントモデルB」と呼ぶことにする〔図2〕。エージェントモデルBは、エージェントモデルAの発展型であり、一般に、エージェントモデルAよりも複雑な心的状態を持つ。エージェントモデルBは、高次の志向システムである。高次の志向システムは、自己の概念を持ち、他者と自分を区別し、他者の志向的状態と自分の志向的状態を区別する。

また、エージェントモデルBは、自らの行為を次のような手続きにより決定する能力のある合理的行為者である〔中山（2004a）p. 48f, p. 78〕：

（7）　合理的行為者の特徴

(a)　合理的行為者は、高次の志向システムである。

(b)　特定の言語を理解することができ、ある言語共同体（linguistic community）に属する。

(c)　推論能力を持つ。
(d)　知覚や内省や他の行為者からの情報を受け入れて自分の信念に取り込む能力を持つ。
(e)　信念内の矛盾をさけようとする。
(f)　ある事態が起こることを欲するなら、その手段の成立も欲する。
(g)　欲していた事態が生起したと思うなら、当初の欲求は消滅する。
(h)　行為を遂行する能力が自分にあると思い、その行為遂行を自分が欲しており、現時点がその行為遂行に適切なときであると思うなら、その行為遂行を意図する。
(i)　意図した行為を、条件が整えば実際に実行に移すことができる。

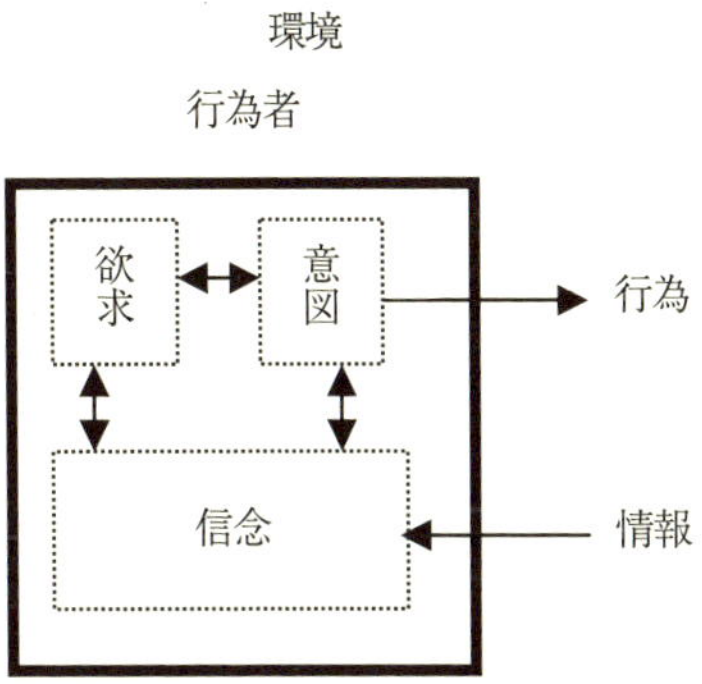

図２　エージェントモデルＢ

（7）の九つの要請は、理想化されている面もあるが、その主要部分は私たちが日常用いている素朴心理学の中核をなしていると考えられる。この合理的行為者の環境との相互作用を図式化すると図2のようになる。情報は、信念の内容として取り入れられ、欲求と意図と信念の間には（7）で述べたような相互作用が存在する。そして、合理的行為者は、意図された自らの行為を実行に移すことができるような存在者である。このようにして、行為が遂行されることにより環境は影響を受け変化していく。

「合理的行為者」は、本書の核となる概念の一つである。本書では、共同行為の担い手も社会組織の構成員も、基本的には、合理的行為者であると考える。確かに、乳児が共同行為の担い手や社会組織の一員であることも可能だが、それは、乳児を受け入れる合理的行為者であるまわりの大人たちのおかげなのである。

第二章　志向性の心理学としての心の理論説

本書の中心テーマの一つは、高次の志向システムとしての合理的行為者たちの間に形成される心と行為の相互作用である。高次の志向システムでは、あざむきや嘘が可能になる。また、高次の志向システムは、自分の心的状態を他者の心的状態から区別することができる。だとするなら、第一次の志向システムと高次の志向システムの区別を心理学実験により確証することが可能なように思われる。このような考察は、私たちを心の理論説（theory of theory of mind）へと導く。

1　心の理論説

心の理論説の特徴は、他者への志向性の帰属と自己への志向性の帰属を同一の認知能力により説明するところにある。心の理論説は、心理学における心についての理論の一つである。この章では、心の理論説とは何かについて説明する。[1] また、デネットの志向的戦略と「心の理論説」との関係も明らかにしていきたい。心の理論説は、行動を心的状態の帰属により説明する理論であり、第一章での志向システムの議論に経験科学からの基盤を与えるものである。少なくとも、心の理論説の視点は、第一章での議論を経験科学の立場から補足するものとなる。

心の理論とチンパンジーの心

心の理論説は、一九七八年にアメリカの動物心理学者プレマック（D. Premack）とウッドラフ（G. Woodruff）によって書かれた「チンパンジーは心の理論を持つか」という論文の中ではじめて提案された〔子安（2000）p. 11〕。心の理論説は、チンパンジーの「あざむき」行動の説明に適用されたのである。彼らによれば、「心の理論を持つ」とは、他者の行動を説明したり予測したり誘導したりするために心を他者に帰属させる能力を持つことにほかならない。つまり、「心の理論を持つ」とは、他者の行動の説明のために志向戦略を用いる能力を持つことなのである。

例えば、チンパンジーAが、餌があるのにないそぶりをして他のチンパンジーTをだます場合を考えよう。プレマックらは、一九七八年の論文でこれを次のように考えていた：

このとき、Aは以下のことを信じている：

［Tは餌があることを知らない　&　自分が餌を取ろうとするなら、Tは餌に気づく　&　Tが餌に気づけば、Tは餌を横取りしたいという欲求を持つ］

結論として、Aは意図する：［Tがいる間は餌を取らずにいる］

つまり、チンパンジーは他者に信念や欲求や意図を帰属し、これによって他者の行動を予測し、この予測に従って自分の行動を計画する能力を持つと考えたのである。

しかし、一九八八年の「〈チンパンジーは心の理論を持つか〉再考」という論文においては、プレマックはもっと穏健な立場を取っている。つまり、四歳以上の（健常者の）人間は「心の理論」を自在に利用するが、チンパンジーは、多くの点で限定的な「心の理論」しか持たないとしたのである〔子安（2000）p. 16〕。デネットが指摘しているように、ある志向システムがどの次元の志向システムであるかは、慎重に吟味されるべきことなのだ〔Dennett（1987）〕。

心の理論と素朴心理学

素朴心理学は、デネットにおける志向戦略を用いた説明に相当する。アスティントンによると、素朴心理学は次のような特徴を持っている〔Astington（1993）邦訳 p. 5〕：

（1）　素朴心理学の特徴

(a)「素朴心理学」は、信念－欲求心理学の別名である。
(b) 素朴心理学では、信念や欲求は存在すると想定されている。
(c) 素朴心理学では、「人は心を持ち、それはその人の信念や欲求、情動、意図の総体である」と想定されている。
(d) 人は、(c)の想定を用いて、なぜ他者がそのように行為するのか説明し、何を行うかを予測する。
(e)「心の理論」とは、素朴心理学のことである。

アスティントンの著書は『子供はどのように心を発見するか（*The Child's Discovery of the Mind*）』（1993）というタイトルを持っている。しかし、心を発見するとか理解するとはどういうことなのか？　この問いについて、次のように答えることができる：

心を発見するとは、人が欲求や信念を持っていると思うようになることであり、他者の心を理解するとは、他者がどのような信念や欲求や情動や意図を持っているかを正しく把握することである。

幼い子供は、まさに、心を発見するプロセスをとおして、成長していくと言ってよいだろう。心の発見には、他者の心の発見のみならず、自分の心の発見も含まれている。そして、自分の心を発見することは、同時に、自分自身という存在者を発見するプロセスでもあると言える。「〈心の理論〉学派」の主張は、素朴心理学の理論を獲得することによって、子供の心は発達するということにある。〈心の理論〉学派は、デネット同様、志向システムの高次の構造を受け入れる〔Astington (1993) 邦訳 pp. 29-31〕：

（2）志向システムの階層構造

(a) 零次のシステム：このようなシステムは信念や欲求を持たない。

(b) 第一次の志向システム：このタイプのシステムは、信念や欲求を持っている。そこで、私たちは、このようなシステムの行動を志向戦略を用いて予測・説明できる。しかし、このシステムは、他者の信念についての信念は持たない。

(c) 第二次の志向システム：第二次のシステムは、信念や欲求を持つだけでなく、自分や他者は信念や欲求を持つと考える。それは、あざむきや、嘘、秘密、誤信を理解できる。それは志向的な立場を取り、そうするときには、他者の信念や欲求を操作することによって、他者を操作することができる。

このように、〈心の理論〉学派の理論的基盤は、デネットが明確化した志向システムの階層性の考えにある。そして、彼らは、高等動物や幼い子供や自閉症児がどの段階の志向システムであるかを、実験的に確証しようと試みるのである。

二・三歳児の欲求と意図

カレン・バーチ（Karen Bartsch）とヘンリー・ウェルマン（Henry Wellman）は、『子供たちは心について語る（*Children Talk about the Mind*）』（1995）において、二歳児が欲求語を多く用いることをデータを集めて確認している。彼らは、十人の子供について、二歳前から五歳までの日常会話の記録を調べた。その結果、子供が使う最初の欲求語は〈欲しい（〜たい）〉であり、これがデータのすべての欲求表現の九七パーセントを占めることを確かめた〔Astington（1993）邦訳 p. 110f〕。

バーチとウェルマンによると、欲求の言及は二歳児に生じ、これは信念への言及よりずっと早い。「また、この頃の子供は、自分だけでなく他者の欲求についても述べる」〔Astington（1993）邦訳 p. 111〕。そして、二歳児は、自分と他者の感情についても話すことも、パーナー（J. Perner）の研究などで確かめられている。さらに、ウェルマンらの研究によると二歳児は、「人は自らの欲求を充たすために行為する」ということを理解できる〔Astington（1993）邦訳 pp. 112-118〕。

また、ダン（J. Dunn）の研究によると、三歳児はまだ、意図を欲求から明確に区別できない。三歳児は、「わざとじゃない」という行動における意図の否定を、「そういうことが起こってほしくない」というある事態が起こらないことの欲求の意味でしばしば用いる〔Astington（1993）邦訳 p. 122〕。このように、二・三歳児は、素朴心理学の基本構図は理解してはいるものの、その理解はまだ完全なものではない。そして、欲求、信念、意図という順に志向性が理解されていくことがわかる。

信念機構の発達と誤信課題

高次の志向システムを他の志向システムと区別する手段はあるのだろうか？　このために考え出されたのが「誤信課題（false belief task）」である。誤信課題をパスするシステムは、他のシステムが自分とは異なる誤まった信念に従って行動するだろうことを予測できる。つまり、そのようなシステムは、自分の信念と他者の信念を明確に区別することができる。この時、そのシステムは、他者に信念を帰属しているのである。

発達心理学者のヴィマー（H. Wimmer）とパーナーが用いた誤信課題は「チョコレート物語」と呼ばれるものである〔Astington（1993）邦訳 p. 153f〕：

今、心理学者が子供のメアリーちゃんに次のようなお話をする：「男の子がチョコレートを居間の引き出しにしまって、遊びに出かけたんだ。ところが男の子が外にいるあいだに、お母さんがチョコレートを台所の食器棚に移しちゃった。それから男の子が帰って来たんだけど、おなかがすいてチョコレートが食べたくて仕方がないんだ」。このように話した後で、心理学者は、メアリーちゃんに、「チョコレートを探そうと決めた男の子はどこを探すだろうか？」と質問する。このとき、メアリーちゃんが「男の子は居間の引き出しを探すよ」と正しく予測したなら、メアリーちゃんは、他者が誤信を持っていることの結果を認識していることになる。

ヴィマーとパーナーは、この物語を三歳児と四歳児にしてみたところ、四歳児は話をよく理解できたが、三歳児にはできなかったという結果が得られた。ここから、三歳児は第一次の志向システムではあっても、(完成した)第二次の志向システムではないことがわかる。また、他の実験から、三歳児は過去の自分の誤信にも気づいていないということが判明した。

さらに、三歳児は、見かけと本物を区別する課題にも成功しない。たとえば、花崗岩の塊のように見える〈スポンジの岩〉を最初に見た子供は、おそらく、それを岩と見たであろう。そして、さわってみて初めてスポンジだとわかったはずだ。しかし、それがスポンジでできているということを見つけ出した三歳児に「これは何に見える?」と聞くと、「スポンジに見える」と答えるのである〔邦訳 p. 158f〕。

まとめると、三歳児には、次のような理解の限界が認められる〔邦訳 p. 159f〕:

(3) 三歳児の理解の限界

(a) 他者の誤信が理解できない：自分が事実だと知っていることとは異なることを他者が信じているということがあるのを理解できない。

(b) 自分の信念の変化に気づかない：今自分が本当だと知っていることと異なることを自分が以前信じていたのだと思い出すことができない。

(c) 見かけと本物の区別ができない：ある物がその物とは異なって見えることがあることを理解で

きない。

四歳児は、すでに、誤信を理解できる。さらに、四歳児は、故意に嘘をついたり騙したりすることができる。このことに関する一つの解釈は、四歳児は、表象的心の理論を獲得しているというものである。

デイヴィドソンは、寛容の原則（principle of charity）というものがコミュニケーションの前提となっていると主張した〔Davidson（1984）〕。これは、相手と自分は大幅に信念を共有していると前提して相手の話を聞くという原則である。おもしろいことに、三歳児は、相手の知識と自分の知識を区別せず、ここでは、寛容の原則は三歳児の精神構造の中に組み込まれ、選ぶことはできず、常に実践している原則として機能しているのである。

自閉症児の心

自閉症（autism）は、次の四つの重要な症状を持つ障害である〔Astington（1993）邦訳 p. 192〕：

（4）自閉症の症状

(a) 他者との関係に異常がある。そのためまわりに他者がいる状況でも、彼らは孤立している。
(b) 言語発達と伝達能力に損傷がある。特に、語用論的な技能がひどく損なわれている。

(c)　自閉症児は、自発的にふり遊びをしない。
(d)　彼らは、強迫的に、型にはまった運動や決まった行為を行い、決まった興味を持つ。

ヴィマーらの発達心理学者が子供たちに課した誤信課題を、自閉症児に試してみることをバロン・コーエン（S. Baron-Cohen）は、思いついた。その結果、自閉症児は、三歳児と同じように、他者が誤信を持つとは考えず、他者をだますことができず、自分の誤信を思い出せず、見かけと本物を区別できないことがわかった。また、自閉症児は、三歳児とは異なり、〈ふり遊び〉をしないし、注意を他者と共有しない。自閉症児は、指差しをして大人の注意を向けることをしない。

このように、自閉症児は、第二次の志向状態を持っていない、あるいは、その発達は十分でないように思われる。彼らには、他者の考えや感情を理解するのが困難なこととなる。

心の理論と言語とメタ認知

「心の子供による理解における言語とメタ言語」という論文で、アスティントンは、心の理論の習得と言語習得とメタ認知用語（metacognitive term）の習得の間の相関についての考察を、彼女らが行った心理学実験をもとに展開している〔Astington (2000)〕。最初に得られた結果は、心的動詞（mental verb）の中でも認知動詞（cognitive verb）の習得だけが、誤信課題のパス率と相関を示すということである〔p. 274f〕。ここでテストされている心的動詞は、次の三グループに分けられた動詞である：

認知（cognition）：思う（think）、知る（know）、推測する（guess）、思い出す（remember）、忘れる（forget）、だます（trick）、意味する（mean）。

欲求（desire）：欲する（want）、必要とする（need）、好む（like）、好きである（love）。

知覚（perception）：見る（look）、見える（see）、見せる（show）、じっと見る（watch）。

この実験で確かめられた傾向は、誤信課題をパスするよりも前の段階で、子供は、認知用語を使っているということである。しかし、同時に、アスティントンは、実験状況でのデータと自然な状況でのデータの比較が困難なことを示唆している〔p. 277〕。そして、この論文は、次のように終わっている：

「誤った信念は、――実際、信じること、思い出すこと、推論すること、推測することなどの心的状態においても――たとえ世界の中での人々の行為におけるそれらの効果を見るにしても、直接的に知覚されはしない。幼い子供は、これらの行為や効果をいくらか理解しているかもしれない。しかしながら、これが重要なのだが、これらの行為や効果について大人が認知用語を用いて話すことによって観察不可能な心的現象が子供の注意の対象となるとき、子供は、この理解を反省し、表現することができる。認知用語の獲得は、子供が世界と心の対比を概念化するのを助ける文化的獲得である。だから、オールソンと私は、言語とメタ言語がともに子供の〈心の理論〉の発展に重要であることに、同意している」〔p. 281〕。

アスティントンが二つの心理学実験で用いた認知用語は、次の九つの動詞（句）である：

思う、知る、推測する、思い出す、忘れる、だます、意味する、不思議に思う（wonder)、理解する（figure out)。

誤信課題は、「思う（think)」という動詞を用いて表現されるのが普通だが、ここにあげられている認知動詞の使用は、複数の人の間の複雑な認知状況を一挙に表現可能にするものも含まれている。例として、「知る（know)」という動詞を用いる場合を考えてみよう。「Aはチョコレートが引き出しの中にあることを知らない」という人は、「チョコレートが引き出しの中にないとAは思っているが、チョコレートは引き出しの中にある」と思っているはずである。つまり、「知る」という認知動詞の正しい適用は、誤信課題にパスするのと同種の能力を要求している。だから、認知動詞の習得と誤信課題の解決能力が相関を示すことは、当然だと言える。しかし、ここで重要なのは、子供は、認知動詞を含んだ言語を習得する過程において、心が何であるかをより深く理解していくということである。

2　心の理論説と心の哲学

他者や自分自身に心があるとは、どのようなことなのか？　心の理論説は、それを他者や自分に心的状態を帰属させることと捉え、しかも、それらの帰属の実践が心についての素朴心理学に基づいていると考える。心を理解する過程は、素朴心理学を他者や自分に適用する方法を獲得する過程に他ならない。心の理論説は、この発達過程を実験心理学的に確かめようとする心理学の学派の説である。

哲学と〈心の理論〉学派の研究

〈心の理論〉学派の研究が、心の哲学に貴重なデータを与えてくれていることは確かである。また、デネットなどの心の哲学は、〈心の理論〉学派の成立に寄与したと言えるだろう。大人は、高次の志向システムであり、このことにより高度なコミュニケーションが成立している。サールは、「文や語の意味」（sentence or word meaning）と「話者の意味」（speaker's meaning）を区別したが〔Searle (1979) Chap. 4〕、話者の意味の理解は、話者が高次の志向システムであることを要求する。このことは、自閉症児には、メタファーや冗談を理解するのが困難なことにも示されている。

誤信課題が示していることをもう少し分析してみよう。そこで示されたのは、他者の信念を自分の信念と区別して帰属できないということである。しかし、このことは、他者に欲求や信念を帰属できないということではない。むしろ、誤信課題が示すことは、三歳児は他者に自分の信念を帰属してしまうということだけである。例えば、ウェルマンによれば、二歳児は他者の感情や欲求について述べることができるし、他者を欲求を充たすために行為する合理的行為者として理解している。

嘘をつくことができるという前提には、他者が自分の心を直接見ることができないという理解が必要になるだろう。例えば、自分にとり自分の現在の心的状態は透明であるが、他者にとっては、自分の心的状態は透明でないということが気づかれなければならない。それは、他者は知らないが自分が知っていることのあることの確認であり、この能力は、誤信課題にパスするために必要な能力でもある。

素朴心理学は「理論」だろうか？　それは、むしろ、ヴィトゲンシュタインが言った「言語ゲーム」と同じようなゲームではなかろうか？　つまり、子供は、両親や兄弟や友人とともにゲームの参加者となり、ともにゲームを作りあげる。例えば、チェスの場合、このゲームを行うために必要な知識がある。キングやクウィーンなどの駒が最初どこに位置し、それらにどのような動きが許されているのかなどという知識である。サールは、これらの規則を「構成的規則（constitutive rule）」と呼んだ〔本書第三章2節〕。それは、これらの規則が「チェスをする」というような事実の成立を可能にしているからである。私は、この「素朴心理学を用いたゲーム」のことを「態度帰属のゲーム」と呼んでいる〔中山（2001a）〕。このことが正しいなら、「心の理論」は「素朴心理学を用いたゲーム」の一部にすぎない。正しくチェスのゲームをするのにチェスの規則の習得が不可欠なように、適切に心のゲームをするのに素朴心理学（＝心の理論）の習得が必要になるのである。

それならば、心は本当にあるのだろうか？　事実は、私たちが「素朴心理学を用いたゲーム」を行い続けていることであり、私たちがこれをやめることはないだろうということである。「素朴心理学を用いたゲーム」が行われているかぎり、そこには、構成的な意味で、心があるのである。人類は高次の共同行為を実行できるように進化した動物である。そして、高次の共同行為は、「素朴心理学を用いたゲーム」を基礎に成立する。だから、そもそも、人類は「素朴心理学を用いたゲーム」を行えるよう進化した動物であり、この能力を失ったら、その生物をなお「人類」と呼べるかどうかも定かではない。

私たちが素朴心理学の核に相当する部分を変更することはないと思われる。しかし、その周辺部は、確かに、文化の変化により変わってきたように思われる。縄文時代の人々の「心の理論」や平安時代の人々の「心の理論」は、私たちのものと少し違っていただろう。アニミズムは、人間以外のものにも心を認めている。また、動物の心や死んだ人の心が生きている人間の心の部分に入り込むということを信じた人々は、以前、日本にもいただろう。そして、フロイト（S. Freud, 1856-1939）の理論なども、新種の「心の理論」と考えられるだろうし、それを信じた人もいただろう。しかし、素朴心理学の核の部分は歴史を通して不変だったと考えられる。つまり、人は合理的行為者であり、何かを欲していることを充たすために行動を起こすのだという部分である。

第一章3節で、私は、心的状態の自己への透明性を主張した。この透明性は、自己の統一性の象徴でもある。つまり、この透明性の崩れるところで、自己は統一性を部分的に損なうように思われる。フロイトによれば、特定の欲求が抑圧されることがある。つまり、特定の欲求が自己にとり不透明になるというのである。このようなとき、私たちは、そのような不透明な欲求を誰に帰属していいのかと戸惑う。ここでは、行動を決定するものと行動を実行するものとの間に分裂があるように思われる。心的状態は、私に透明であるかぎりにおいて、志向的なものである。もし、私が気づかない私の欲求があるとするなら、それは、他者が私に帰属する第一次の志向的状態としての欲求である。それが、「その人の欲求」と呼ばれるためには、その欲求は、その人のふるまいを説明できるものでなければならない。しかし、このとき、その人は合理的行為者である必要はなく、説明は、デネットの言う設計戦略や物理戦略により、より適切に説明できるだろう。例えば、分離脳を持つ人が、左手で自分が何をしたのかを、それを見ることとなしに何故把握できないかは、言語野が左脳にあり、左脳は右手の運動や感覚を支配しているという神経科学的説明が可能である。(2)

素朴心理学と生活実践

素朴心理学の呼び名として「心の理論」という名称は適切だろうか？　確かに、素朴心理学は、素朴物理学（folk physics）のように理論的側面を備えている。しかし、それは、スキルのように理論化できない認知能力も含んでいるだろう。例えば、人間の子供は、他の人と視点を共有したり、指差し行為により自分の関心の方向を示したりすることができる。これらは、理論と言うよりもスキルと呼んだほうがよいだろう。

素朴心理学の習得は、母国語の習得に似ている。私たちは、文法理論を学ぶことにより、母国語を習得するわけではない。私たちは、生活実践の具体的な経験をとおして、母国語を学んでいく。同じように、素朴心理学や素朴物理学は、理論として学ばれるのではなく、生活実践の中で自然に習得され、私たちのふるまいの基礎を形作っていくのである。

フォーダー（J. A. Fodor）は、素朴心理学を科学的に基礎付けうるものとして扱い、チャーチランドは、素朴心理学が誤った理論であり、科学理論により取って代わられる運命にあるとして消去主義を主張した。しかし、素朴心理学の核の部分は、理論というよりもスキルである。また、素朴心理学は、デネットが提案したように、説明実践の場面において物理戦略と共存できるものである。それは、現在においても、ニュートン力学と量子力学が実践の場面では共存していることに似ている。そして、持っていた物は離せば落ちるというような知識を集めた素朴物理学も量子力学と共存して、日常場面では使われている。人類は、素朴心理学を放棄することはないであろう。それほどに、素朴心理学は、人々の日常生活の基盤となっている。

II　言語使用と行為

「もっとわかりやすく説明してくれますか」と、一人の学生が言った。言葉を発することは、行為である。行為とは何だろうか？　それは、ある目的を持ってなされる人の活動である。この発言をした学生は、私に何かを訴えかけ、私の説明の仕方に影響を与えようとしていたのだ。だから、確かに、それは一つの行為だったのだ。

分析哲学は、言明がいつ真であるのかを扱い、言語の背後にどのような論理的基盤があるかも議論した。しかし、言葉を発することが一つの行為でもあることを、長い間見落としていたように思われる。このことを指摘したのは、一九五〇年代のオースティンであり、その考えは、サールにより、言語行為論として理論化された。この言語行為論を第三章では検討する。私自身は、発話という行為は、基本的には、行為を解釈するのと同じ図式で捉えられるべきだと思う。この考えを、第四章で展開したい。

第三章　言語行為論の検証

言語行為論は、言語哲学の全盛期に生まれた。それは、日常言語学派の哲学者として知られているオースティンにより一九五〇年代に提案された。その中心的テーゼは、人は何かを言うことにより何かをなしているという考えである。しかし、その後、いわゆる認知論的転回が哲学の中でも起こった。言語使用の結果ばかりではなく、言語使用を生み出す心のアーキテクチャーが問題となりはじめるのである。サールは、言語行為論を一九六〇年代から七〇年代にかけて体系化したが〔Searle（1969, 1979)〕、一九八〇年代に入り、言語哲学は心の哲学の一部だという考えを表明し、心の哲学に活動の場を移していく〔Searle（1983)〕。そして、志向性を分析することにより言語行為論に基盤を与えようとした。しかし、心の哲学を展開するにあたり、サールはあまりにも自らの言語行為論に縛られていた。そこで、私は、第四章では、行為と志向性の関係を基盤におき、そこから発話という行為を分析しようと試みるという、サールとは逆方向の理論構築を試みることになる。

1　オースティンの言語行為論

「私は宿題をやらなかったことをあやまります。」「明日までには、きっと、宿題を提出すると約束します。」『言語と行為』(1962) におき、オースティンは、このような文の発話に注目した。ここでは、平叙文が使われているが、何かが報告されているわけではない。このような文を発することにより、謝罪や約束が行われているのである。このようなとき、「遂行的発言 (performative utterance)」がなされていると、オースティンは考えた〔p. 5, 邦訳 p. 10〕:

(1)　オースティンによる遂行的発言の特徴付け
(a)　遂行的発言は、何ものも記述せず、真や偽という真理値を持たない。
(b)　その文を述べることが、行為遂行そのものか、行為遂行の一部をなすかである。

彼は、例の一つとして、「私は、この船を「エリザベス女王号」と命名する (I name this ship the *Queen Elizabeth*)」をあげている。そして、このような発言の中核にあるのが、「命名する (name)」「約束する (promise)」のような「遂行動詞」の使用である。

オースティンは、日常言語学派の哲学者として知られている。彼は、日常の言語の使用法を分析することにより、哲学の議論を検証するということを哲学の方法として実践した。言語行為論は、このような記述的実践をとおして生まれたのである。

オースティンの言語行為論の柱として、次の考えをあげることができる：

（a）不適切性の理論（doctrine of the Infelicities）の提案

（b）発語行為（locutionary act）・発語内行為（illocutionary act）・発語媒介行為（perlocutionary act）の区別の導入

（c）発語内的力（illocutionary force）の分類に基づいた遂行的発言の分類

この節では、これらのオースティンの考えをもう少し詳しく見ていこう。

オースティンの不適切性の理論

先の（1a）にあるように、オースティンは、遂行的発言は真理値を持たないと考える。例えば、命名は、真か偽かではなく、適切（happy）か不適切（unhappy）であるとされる。彼は、遂行的発言が適切であるための六つの条件をあげている〔p. 14f，邦訳p. 26f〕：

（2）遂行的発言が適切であるための条件

（A・1）ある一定の慣習的な（conventional）効果を持つ、一般に受け入れられた慣習的な手続きが存在しなければならない。そして、その手続きはある一定の状況のもとにおける、ある一定の人々による、ある一定の言葉の発言を含んでいなければならない。

（A・2）発動（invoke）された特定の手続きに関して、ある与えられた場合における人物および状況がその発動に対して適当（appropriate）でなくてはならない。

（B・1）その手続きは、すべての参与者によって正しく実行されなくてはならない。

（B・2）完全に実行されなくてはならない。

（Γ・1）その手続きが、しばしば見受けられるように、ある一定の考え、あるいは感情をもつ人物によって使用されるように構成されている場合、あるいは、参与者のいずれかに対して一連の行為を惹き起こすように構成されている場合には、その手続きに参与し、その手続きをそのように発動する人物は、事実、これらの考え、あるいは感情を持っていなければならない。また、それらの参与者は自らそのように行動することを意図していなければならない。

（Γ・2）これら参与者は、その後も引き続き、実際に（actually）そのように行動しなければならない。

A・B条項とΓ条項の間には、大きな違いがある。A・B条項が一つでも充たされないならば、企図された行為は未遂であるとみなされ、無効となる。この対偶をとると、企図された行為が遂行されている場合には、A・B条項のどれもが充たされていることがわかる。(1) これに対し、Γ条項が充たされていない場合には、企図された行為は遂行されたとみなされるが、その行為遂行は手続きの乱用と判断される。これらのことから、A・B条項は発語内行為遂行の必要条件を表しており、Γ条項は適切な発語内行為遂行の必要条件を表していることがわかる。

オースティンの不適切性の条項は、明確さに欠けるところがあるが、例を用いて何をいわんとしているかを説明している。例えば、結婚するにあたり、新郎がすでに妻帯者である場合には、(A・2)条項の違反となり、結婚は不履行とみなされる。これに対し、「私は約束する」と言いながら約束を守る意図がないとき、(Γ・1) 条項の違反となるが、約束そのものは成立したと判断される。

オースティンの不適切性の理論は、不明確な点もあるが、日常の言語活動の記述に基づいたものであり、ある意味で、どんな言語行為の理論も充たすべきテスト条項を表現しているといってよいだろう。

発語行為・発語内行為・発語媒介行為の区別の導入

オースティンは、発語行為・発語内行為・発語媒介行為を区別している。発語行為は、何かを言うことであり、発語内行為は何かを言うことにおいて (in saying) 行う行為であり、発語媒介行為は何かを言うことにより (by saying) 行う行為である〔p. 94, 邦訳 p. 164〕。また、オースティンは、発語行為を行うことは、同時に、発語内行為を行うことでもあると言っている〔p. 98, 邦訳 p. 170f〕。そして、彼は、発語行為を遂行することは、同時に、音声行為（phonetic act）、用語行為（phatic act）、意味行為（rhetic act）という三つの行為を遂行することであるとも言っている〔p. 92f, 邦訳 p. 161〕。これらの区別は、言語行為論の後の議論におき、基盤となったものである。

オースティンは、発語行為・発語内行為・発語媒介行為の区別を、例を用いて説明している〔p. 101f, 邦訳 p. 175f〕。

（3）　発語行為・発語内行為・発語媒介行為の区別の例

(a)　［発語行為］　彼は私に「彼女を撃て（Shoot her!）」と言い、「撃つ」で撃つことを意味し、「彼女」で彼女を指示した。

(b)　［発語内行為］　彼は私に彼女を撃つよう促した。

(c)　［発語媒介行為］　彼は私に彼女を撃たせた。

この例の描いている状況で、彼は、単に、「彼女を撃て」と私に言ったのではなく、同時に、私に彼女を撃つよう促したのであり、それにより、私に彼女を撃たせたのである。

発語内的力の分類に基づいた遂行的発言の分類

オースティンの言語行為論の中核には、何かを言うとき、同時に、警告、命令、約束、反論などの発語内行為も行っているというテーゼにある。彼は、発語内行為は発語内的力を示す行為と考えている〔p. 121, 邦訳 p. 200〕。つまり、警告、命令、約束、反論などは発語内的力であり、このときなされる行為が、警告する、命令する、約束する、反論するなどの発語内行為であると考えられる。しかし、オースティンは、自らの著書の中で「発語内的力」が何であるかを十分に説明してはいない。

ここで、オースティンは、発語行為と異なるものとしての発語内行為の導入を正当化するために、意義（sense）や指示（reference）と並立して使いうるような第三の概念を必要としていた。推測を述べるならば、そのために、彼は、フレーゲ（G. Frege, 1848-1925）が導入した概念である「力（Kraft, force）」を使用したのだと考えられる。フレーゲは、文の真理値や文の内容だけでなく、その文が主張されていることが表現されていなければならないと考え、判断記号「⊢」を導入した。そして、この判断記号は、主張という力を表すものであった〔本書第四章2節〕。フレーゲに従えば、「pを肯定する」や「pを否定する」というのは不明確な言い回しであり、「pを主張する」や「pの否定を主張する」と言うべきなのである。というのも、「pの否定」は、力を表現しているのではなく、命題内容を表現しているからである。「pでない」や「pならばq」は、命題内容を表現しており、私たちは、pでないことを主張したり、（pならばq）が成り立つことを主張したりすると、フレーゲは考えた(2)。

しかし、オースティンの「力」の概念をフレーゲの「力」と整合的に解釈することが困難なことは、すでに『言語と行為』が出た直後から指摘されている。(3) オースティンの「力」の概念には、理論化を拒むような不整合性や不明瞭な点が含まれている。

この著書の最終章で、オースティンは、遂行動詞を分類することにより遂行的発言を五つのクラスに分類している。この分類を要約すると次のようになる〔pp. 148-164, 邦訳 pp. 255-276〕。

(4)　遂行的発言の分類

(a)　［判定宣告型発言（verdictives）］　これは、価値あるいは事実に関する証拠や理由に基づき、明瞭にそれと識別される限りにおいて何らかの判定を伝える発言である。

例：「無罪とする（acquit）」、「と解釈する（interpret as）」、「日時を定める（date）」、「査定する（assess）」など。

(b)　［権限行使型発言（exercitives）］　これは、ある一連の行為の経過に対する賛成、反対の決定、ないしその行為の経過に対する弁護を与える発言である。

例：「任命する（appoint）」、「免職する（dismiss）」、「命ずる（order）」、「遺贈する（bequeath）」、「警告する（warn）」など。

(c)　［行為拘束型発言（commissives）］　これは、話者がある一定の経過をともなう行為を行うように拘束されることをもたらす発言である。

例：「約束する（promise）」、「引き受ける（undertake）」、「保証する（guarantee）」、「採用

する（adopt）」など。

(d)　［態度表明型発言（behabitives）］　これは、他の人々の行動に対する反応としての発言や、他者の過去の行動や現在行っている行動に対する態度およびその態度の表現としての発言である。例：「陳謝する（apologize）」、「感謝する（thank）」、「嘆く（deplore）」、「批判する（criticize）」、「歓迎する（welcome）」、「祝福する（bless）」、「抗議する（protest）」など。

(e)　［言明解説型発言（expositives）］　これは、意見の開陳、議論の進行、語の用法、言及対象の明確化などを伴うさまざまな解説の行為において使用される発言である。例：「肯定する（affirm）」、「否定する（deny）」、「撤回する（withdraw）」、「伝える（inform）」、「尋ねる（ask）」、「証言する（testify）」など。

ここでオースティンが何を行っているかを正確に分析することは困難である。というのも、遂行動詞を発語内的力を表現する動詞として考えると、遂行動詞の意味として発語内的力を解釈するというオースティンが拒否したような解釈がここから生まれうるからである。

2　サールの言語行為論

『言語行為』（1969）において、サールは、オースティンの言語行為論を明確化し、体系化した。サールの言語行為論は、オースティンのみならず、ストローソン（P. F. Strawson, 1919-　）やグライス（H. P. Grice, 1913-1988）に影響を受けたものであり、分析哲学の標準的方法に従って書かれている。オースティンは、日常言語学派の哲学者であったが、サールは、体系的傾向を持つ哲学者である。サールは、『志向性』（1983）において、心の哲学が言語哲学の基盤となることを主張するにいたるが、すでに、『言語行為』を書いた時点で、話者の志向的状態を発語内行為の誠実性条件の中で考慮している。それでは、サールは、オースティンの言語行為論をどのように修正し、体系化していったのだろうか？　この節では、このことを見ていこう。

発語内行為の一般的形式

サールの言語行為論で重要になるのが、「命題（proposition）」と「規則（rule）」という概念である。命題概念の重視は、オースティンの発語行為を彼に見直させている。サールは、オースティンの発語行為を、発話行為（utterance act）と命題行為（propositional act）という二つの行為で置き換える。また、命題行為は、指示（referring）と述定（predicating）からなるとしている。ただし、サールは、ここで、フレーゲの文脈原理(4)（Zusammenhangsthese, context principle）に関連させて、指示や命題行為は発語内行為遂行の過程で生じるとしている〔p. 25, 邦訳 p. 44〕。サールが言語行為論の分析を一般的に記述することに成功したのは、

$$F(p)$$

という発語内行為の一般的形式の提案に多くを負っている。この式において、Fは発語内的力表示方策（illocutionary force indicating device）を表し、pは命題を表現している。サールは、発語内的力表示方策を記号的に表示できるとし、次のような例を出している〔p31, 邦訳 p. 54〕：

主張：$\vdash(p)$
依頼：$!(p)$
約束：$Pr(p)$
警告：$W(p)$
イエスかノーを尋ねる質問：$?(p)$

さらに、サールは、命題的否定（propositional negation）のみならず、発語内的否定（illocutionary negation）が可能だとする〔p. 32, 邦訳 p. 55〕：

命題的否定：$F(\neg p)$
発語内的否定：$\neg F(p)$

「私は返金を約束する」を「$Pr(p)$」で表す場合には、命題的否定「私は返金しないことを約束する」は「$Pr(\neg p)$」となり、発語内的否定「私は返金を約束しない」は「$\neg Pr(p)$」となる。

このように、サールの言語行為論の中核には、この一般的形式化が位置している。しかし、ここには、大きな問題が隠されている。それは、「$F(p)$」という一般的形式や発語内的否定とはいったい何か」という問題である。つまり、発語内的力表示方策を関数として考えてよいとしたら、それは、命題から何に向かっての関数なのか？　それが命題から命題に向かっての関数なら、$F(p)$も命題であることになる。また、否定は論理学では、命題に適用される。だとするなら、pだけでなく、$F(p)$も一種の命題ではないのか？　すると、発語内的否定と命題的否定は完全に異なるものではなく、発語内的否定は命題的否定の特殊例と考えられることになる。さらに、$F(p)$を命題と考えるべき事実がある。例えば、「私は返金を約束しないことを主張する」と言うことが日本語では可能だが、これは、サールの記述法を用いて「$\vdash(\neg Pr$（私は返金する））」と表現できそうである。すると、ここでは、「$\neg Pr$（私は返金する）」は明らかに命題を表すものとして扱われている。

問題は、このように考えると、発語内的力表示方策Fは、様相演算子のような命題演算子の一種と考えられるが、この解釈により、力（force）は解消されてしまうことである。というのも、フレーゲやオースティンは、真理条件的意味論をはみ出すものとして力を導入しようとしたからである。これは根本的問題であるが、これについては第四章2節でもう一度考察することにする。

発語内的力表示方策の意味論的規則

サールは、発語内行為の遂行を規則により規定しようとしている。ここに、ヴィトゲンシュタインの『哲学探究』における規則に関する考察の影響を見て取ることができよう。サールは、規則に関して、統制的規則（regulative rule）と構成的規則を区別している。

「すなわち、統制的規則は、エチケットに関する規則がその規則とは独立に成立している個人間の関係を統制するという例にみられるように、既存の行動形態をそれに先行して、またそれとは独立にそれを統制する。これに対して、構成的規則は、たんに統制するだけではなく、新たな行動形態を創造（create）したり、定義したりするものである。たとえば、フットボールやチェスの規則は、フットボールやチェスの競技を統制するのみではなく、いわば、そのようなゲームを行う可能性そのものを創造する」〔p. 33, 邦訳 p. 58〕。

つまり、統制的規則が既存のタイプの活動を統制する規則であるのに対し、構成的規則は、活動の新しいタイプを創造する規則なのである。

発語内行為を規定する規則を、サールは、四つの規則群に分類する。それらは、命題内容規則（propositional content rule）、事前規則（preparatory rule）、誠実性規則（sincerity rule）、本質規則（essential rule）である。前三者は統制的規則に属し、本質規則だけが構成的規則に属する

〔p. 63, 邦訳 p. 113f〕。命題内容規則は、適切な命題内容に制約を与える規則である。事前規則は、発語内行為の適切な遂行には不可欠なので、このように呼ばれる。[5] 誠実性規則は、発語内行為遂行において誠実である場合には満たされている特徴的心的状態について述べている。構成的規則には、サールによれば、「(文脈Cにおいて) XをYとみなす」という形式を持つものがある〔p. 35, 邦訳 p. 60〕。本質規則もこの形式を持ち、「(文脈Cにおいて) 発話XをYとみなす」と表現される。サールは、これらの意味論的規則を用いて、発語内行為を分類している〔pp. 66-67, 邦訳 pp. 124-127〕。そのうちの代表的なものをここで見ておこう。

表1　サールによる発語内行為の特徴付け

主張する	
命題内容規則	任意の命題p
事前規則	1　Sは、pが真であることを支持する証拠を持っている。 2　SとHの両者にとって、Hがpを知っていることが自明でない。
誠実性規則	Sは、pを信じている。
本質規則	pが現実の事実を表すという効果をもたらす企てとみなされる。

依頼する	
命題内容規則	Ｈによる将来の行為Ａ
事前規則	1　ＨはＡする能力を持ち、Ｓはこのことを信じている。 2　ＳとＨの両者にとって、通常の事態の進行においてＨがＡすることが自明でない。
誠実性規則	Ｓは、ＨがＡすることを欲している。
本質規則	ＨにＡをさせる試みとしてみなされる。

約束する	
命題内容規則	Ｓによる将来の行為Ａ
事前規則	1　ＳによってＡが行われない事態よりも行われる事態をＨが好む。また、Ｓは、このことを信じている。 2　ＳとＨの両者にとって、通常の事態の進行においてＳがＡすることが自明でない。
誠実性規則	ＳがＡすることを意図している。
本質規則	Ａを行う義務を負うこととみなされる。

謝意を表する	
命題内容規則	Ｈによって行われた過去の行為Ａ
事前規則	ＡはＳに益を与え、Ｓもこのことを信じている。
誠実性規則	ＳはＡに対して感謝あるいは評価している。
本質規則	感謝あるいは評価の表現としてみなされる。

発語内行為の分類

サールは、『表現と意味』(1979)の第一章「発語内行為の分類」で、オースティンの遂行的発言の分類を批判し、自らの分類によりこれを置き換えている。オースティンの分類に対する批判は、次の三点にまとめることができる〔Searle (1979) pp. 8-12〕:

(5) オースティンの分類に対するサールの批判

(a) オースティンの分類は、実質的には、遂行動詞(これをサールは「発語内的動詞(illocutionary verb)」と呼んでいる)の分類になっている。しかし、分類されるべきなのは、動詞ではなく、発語内行為である。

(b) オースティンの分類には、一貫した原則がない。特徴付けに用いられる基準は、それぞれのクラスで異なっている。

(c) 先の二つの理由から、複数のクラスに分類される動詞や、基準を充たさないのに分類される動詞が出てきてしまう。

特に、(5b)の点は、決定的である。そこで、サールは、明確な基準に従って発語内行為を分類した。その基準というのは、発語内的眼目(illocutionary point)、適合方向(direction of fit)、心的状態、命題タイプの四つである。適合方向は、「語から世界へ(word-to-world)」と「世界から語へ（world-to-word)」という基本的二方向とこの組み合わせから得られる発語内行為の方向のことである。そして、発語内的眼目は、発話の目的のことである。サールは、発語内的眼目を発語内的力表示方策と同じ記号を用いて表している〔pp. 12-20〕。

⊢	命題が真であることにコミットすること
!	聞き手に何かをさせることを試みること
C	話者が自らの将来の行為にコミットすること
E	表現型の発語内行為に当てはまる眼目
D	宣言的発語内的眼目

表2　発語内的眼目の表現

このリストで気がつくのは、EとDに独自の内容がなく、サールの発語内行為が正しいものと前提して、発語内的眼目が定められていることである。つまり、ここでは、基準に従ってクラス分けすべきなのに、クラス分けを前提に基準を特徴付けるという、一種の循環がなされている。

サールは、すでに述べたように、四つの基準に従い発語内行為を分類する。基本的に、発語内行為は、主張型（Assertives)、指令型（Directives)、行為拘束型（Commissives)、表現型（Expressives)、宣言型（Declarations）の五つのクラスに分けられるが、宣言型には、主張的宣言型

（Assertive declarations）という下位クラスが設けられる。

表3　サールによる発語内行為の分類

クラス＼基準	発語内的眼目	適合方向	誠実性条件中の心的状態	命題タイプ
主張型	⊢	語↓世界	B 信念	p 任意
指令型	！	語↑世界	W 欲求	HがAする
行為拘束型	C	語↑世界	I 意図	SがAする
表現型	E	φ なし	（P）	S／H＋性質
宣言型	D	語↕世界	φ なし	p 任意
主張的宣言型	D_a	語↓↕世界	B 信念	p 任意

サールの分類は、オースティンの分類と異なり、確かに明確な原理に支えられている。私には、この五つのクラスの分類は、理にかなったものに思われる。また、四つの基準のうち重要なのは、誠実性条件中の心的状態と命題タイプである。発語内的眼目は、心的状態の規定と命題内容から導き出すことができる。しかし、適合方向は、分析を混乱させるものでしかない。例えば、命令や依頼などが

属する指令型の発語内行為では、世界から語への適合方向があるとするが、その背後にあるのは、もっと複雑な行為と心のダイナミズムである。命令は、聞き手の行為により充たされるが、その行為のきっかけになるのは、聞き手の心的状態の変化である。このように、話者と聞き手の間の行為と心的状態の相互作用を分析することが、実際のコミュニケーションの分析に重要であり、世界と語の間の適合方向を用いた描写は、この点を見落としているのである。

また、サールが宣言型の発語内行為の下位クラスとして主張的宣言型を設けていることは、そもそも、宣言型の発語内行為の描写に疑問をもたらす。

3　言語行為論の限界

サールの『言語行為』(1969) により、言語行為論は哲学の理論として一応の完成を見たと言ってよいだろう。少なくとも、『表現と意味』(1979) をサールが書いた段階で、言語行為論への哲学者の貢献はほぼ終わったと考えていただろう。つまり、言語行為論は哲学者の手を離れて、言語学者の問題へと移行したと、サールは考えていただろう。その後、サールは、言語哲学の基盤には心の哲学があると考えて『志向性』(1983) を執筆し、研究テーマを心の哲学の領域へと移していく。

その後の言語行為に関する研究は、サールの考えをより正確に表現しようとするヴァンダーヴェーケン (D. Vanderveken) などのアプローチと〔Vanderveken (1991)〕、言語行為全般を語用論の問題として捉え、間接的言語行為としてすべての言語行為を説明しようとするるバック（K. Bach）とハーニッシュ（R. M. Harnish）の試み〔Bach and Harnish（1979）〕に発展していく。(6) この節では、一九六〇年代にほぼ完成されたと見られる言語行為論がかかえている問題を簡潔に指摘したい。このうちのいくつかのものについては、第四章や第六章で再び取り上げるつもりである。

言語行為の存在論的身分

言語行為は行為の一種であり、ここには、行為が何かという存在論的問題が関わっている。つまり、哲学的言語行為論は、哲学的行為論とどのような関係にあるのかを明らかにすべきである。オースティンにおいては、この問題はおそらく意識されなかったか、意識的に拒否されたであろう。というのも、存在論的問題は、すぐれて形而上学的問題であり、日常言語学派の哲学者にとり擬似問題のように映ったかもしれないからである。しかし、ある発話におき、「行為はいくつなされているのか？」、「発語行為において発語内行為がなされていると言うとき、発語行為と発語内行為は別の行為なのか？」、「一つの発語行為により複数の発語内行為を遂行することはできるのか？」などの問いに直面するとき、私たちは、この問いに答えるために、「行為とはそもそも存在論的な観点から何であるのか」という問いを避けることはできないのである。

遂行文の発話により、何故、行為が遂行されるのか

「私は明日レポートを提出することを約束します」ということにより、人は、何故、約束という行為を遂行することができるのか？　この結びつきをオースティンは明らかにしていない。そして、サールは、ここに問題があることを、後に気づいた。サールは、「遂行文はどのように働くか」(1989)という論文で、この結びつきを説明しようとしたが、私の見るところ、サールの試みは失敗に終わっている。この論文でのサールの解決案は、明示的遂行文の発話を宣言型の発語内行為としてクラス分けし、宣言は事実を生成するという規定に訴えるものである。ここでは、宣言は、いかなる意味で事実を生成するのかということが曖昧にされたままである。(7)この問題に対する私自身の提案は、第四章で行う予定である。

多数のコミュニケーションの参加者

小畑清剛は、言語行為として判決を捉えた場合に生ずる問題を指摘している〔小畑 (1991)〕。そこでは、裁判官と原告と被告という三者のコミュニケーションの参加者が考えられている。ある民事裁判で裁判官が「原告の請求を棄却する」という発言を行ったというのが、小畑が考察している例である。この発言により、裁判官は、原告に対し敗訴判決を下し、被告に対し勝訴判決を下している。

ここに、小畑は従来の言語行為論に関するいくつかの問題を見ている。それは、複数の聞き手に対して裁判官が言語行為を遂行しているということに関わっている。オースティンにおいてもサールにおいても一人の話し手が一人の聞き手に対してある発言をするというケースを標準として考えているため、判決のようなケースを扱う理論的枠組みが用意されていないという問題が起こる。

複数の立場の違う聞き手がいたりする場面は、日常にあふれている。[8] ここで、どのような発語内行為が行われたかは、話者の側から判断される問題なのか、それとも、聞き手の側から判断されるのか、それとも第三者により判断されるのかという問題が起こる。そして、発語内行為は、そのようなものとして実在するのか、それとも、実在するものについての記述にすぎないのかという問題が起こる。つまり、この問題は、言語行為の存在論的身分の問題ともつながっている。

遂行的発言の真理値

オースティンは、遂行的発言は真でも偽でもなく、適切か不適切かであると主張した。しかし、字義的に使用された平叙文は真か偽ではないのか？　例えば、Sが「私は明日レポートを提出すると約束します」という発話が適切であるなら、このように言うことにより、Sは、発話した日の次の日にレポートを提出すると約束した。このことから、次の命題が成り立つように思われる：

「私は明日レポートを提出することを約束する」というSのt時点での（Hに対する）発言が真なのは、Sがt時点から見て次の日にレポートを提出することを約束しているとき、かつ、そのときに限る。

この規定に従えば、Sがt時点から見て次の日にレポートを提出することを約束していれば、これに対応するSのt時点での遂行的発言は真となる。これは、次のような、一人称的指標詞を含む文の発話と同じように説明できる[9]：

「私は疲れている」というSのt時点での（Hに対する）発言が真なのは、Sがt時点で疲れているとき、かつ、そのときに限る。

この二つの発言の違いは、両発言の真理条件のタイプにあるのではない。そうではなく、その発言を真にするような事実自身が当のその発言により生成されているかどうかに、違いはあるのである。だから、この問題は、「遂行文の発話により、何故、行為が遂行できるのか」という問題にその起源を持ち、遂行的発言が真理値を持つことには何の問題もないのである。

発語内的眼目

サールは、発語内的眼目には、世界から言語へと言語から世界への二つの適合の方向があるとした。しかし、サールのこの記述は誤解をまねきやすい。実際にあるのは、認識と行為である。認識は、世界や自分の状態を捉えることであり、行為はある目的に従って世界を変える作業である。主張は、世界の状態がどのようであるかについての自分の信念を述べることであり、世界に照らし合わせることによりそれが真か偽かがわかる。意図は、自分の行動により世界を変えることと関わり、自らの行為遂行の確認により充足される。欲求は、自分の思い描いたとおり世界が変わることの確認により充足される。また、最も基本にあるのは、信念・意図・欲求と行為と環境の相互的関わりであり、サールの言うような適合の方向は、そこから派生するものにほかならない。だから、私たちはそれを理論構築のために必要とはしない。総括して、サールの議論には、命題的態度間の相互作用の記述に不充分な面がある。

間接的言語行為の問題

オースティンは、発語行為と発語内行為の結びつきは慣習的であり、発語行為と発語媒介行為の結びつきは非慣習的であると特徴付けた。しかし、慣習的結合についてのオースティンによる発語内行為の特徴付けは、間接的言語行為には当てはまらない。窓際に立っている人に対して「暑いですね」と汗を拭きながら言う人は、暗に、窓を開けて欲しいと訴えているのかもしれない。この場面で、話者は、主張の発語内行為をとおして、依頼の発語内行為が間接的になしていると分析されたりする。間接的言語行為では、非字義的語句の使用のように、発話において話者が何を意図しているのかが決定的役割を果たすのである。

多くの発話における話者の意味は、文脈依存的である。そして、発語内行為も、多くの場合、文脈依存的である。実際、オースティンは、「私はそこに行くことを約束します（I promise I shall be there)」というような明示的遂行的発言に比べて、「私はそこに行きます（I shall be there)」というような原初的遂行的発言（primary performative）では、解釈が文脈依存的であることを認めている〔p. 69, 邦訳 p. 121f〕。このように考えると、慣習的・非慣習的という基準は、発語内行為と発語媒介行為の区別として十分でないことがわかる。

まとまった語りの中に位置づけられた文の発話

オースティンやサールの言語行為論は、文の分析に限定されており、一連の発話により達成される依頼や、共同作業において互いの意図を確認しながら遂行される共同行為の一部をなすものとしての複数の発話などの複合的な現象を扱うことが困難である〔Geis (1995)〕。発話を一つの行為とみなして分析すれば、行為において入れ子になった手段・目的連鎖を構成できるように、複数の発話を主要な目的達成のための手段として描くことができる〔本書第四章および第六章〕。ここに、言語行為論の限界性が改めて確認される。

テレビのコマーシャルを例として考えてみよう。そこでは、一つの文が特定の役割を果たすというより、統一的メッセージが一連の語りにより伝えられる。一つの文は、この語りの中である特定の役割を果たし、この文脈から離れてこの一文の役割を分析することには限界がある。

第四章　行為としての発話

第三章3節で論じたように、言語行為論は様々な問題を抱えている。私は、この章で、これらの問題に抜本的解決を与える方法を提案したい。その方法というのは、発話を徹底して行為として捉え、行為連鎖の一構成部分として発話を位置付けるということである。

1　デイヴィドソンの行為論

私がこの節で明らかにしたいと考えているのは、行為の存在論的身分である。つまり、行為は、物体のようにある種の存在者なのか、それとも物体がある時点で持つ特性なのかという問題である。この問題については、出来事を存在者として捉えるデイヴィドソンの立場と、出来事が対象と属性と時間からなる構造であるというキム（J. Kim）とゴールドマン（A. I. Goldman）のとる立場がある[1]〔中才（1995）p. 110〕。本書では、デイヴィドソンの立場に従い、これに修正を加えた存在論を提案する。

行為についてのデイヴィドソンの基本テーゼ

デイヴィドソンは、『行為と出来事』（1980）に収められた一連の論文において、次のテーゼを打ち出した。

（1）デイヴィドソンによる行為の存在論的規定

(a) 行為は出来事の一種であり、出来事は物体のように時空に存在する対象であり、一つの出来事については、複数の記述が存在する。

(b) 同一の時空領域を占めることは、出来事が同一であることとの必要条件である[2]。

デイヴィドソンは、例えば、次のように言っている：

「私は、スイッチをひねり、明かりをつけ、部屋を明るくする。私はまた、自分の知らないうちに、主人の在宅という警告を空き巣ねらいに与えている。このとき、私は四つのことをする必要がない。たった一つのことをすればよいのであって、その一つのことに四つの記述が与えられたにすぎない」〔Davidson（1980）p. 4，邦訳 p. 4〕。

行為について複数の記述が存在するというこの考えは、すでに、アンスコム（G. E. M. Anscombe, 1919-2001）が『インテンション』（1957）において、次のように表明している[3]：

「ある男が（意図的に）腕を動かし、ポンプを操作し、水槽に飲み水をくみ上げ、その居住者を毒殺している場合、彼は四つの行為を為していると言うべきであろうか。それとも、ただ一つの行為を為しているのだろうか？」〔邦訳 p. 87〕

「したがって、四つの記述を持つ一つの行為が存在するのであり、その記述の各々はその広い状況に依存し、各記述は後続する記述と目的手段の関係になっているのである」〔邦訳 p. 88〕。

つまり、アンスコムも、一つの行為に複数の記述が可能であることを、すでに、示唆しているのである[4]。また、アンスコムもデイヴィドソンも、実際に起こったと想定されている特定の行為をここで問題にしている。つまり、ここでは、タイプ（type）としての行為ではなく、トークン（token）としての行為が問題となっている[5]。

実は、（1）のデイヴィドソンの基本テーゼを認めても、この原則の実際の適用においては、異なる立場を取る余地が残る。例えば、デイヴィドソンがあげた例を用いて、次の記述を考えてみよう：

（2）明かりをつける行為の記述

e_1：勝がスイッチをひねること

e_2：勝がスイッチをすばやくひねること

e_3：勝が明かりをつけること

e_4：勝が部屋を明るくすること

e_5：主人の在宅という警告を勝が空き巣ねらいに与えること

e_6：自分の知らないうちに、主人の在宅という警告を勝が空き巣ねらいに与えること

先の引用において、デイヴィドソンは、これらの出来事すべてが同一の出来事であると主張しているように思われる。たとえ、（1）のデイヴィドソンの基本テーゼに賛同しても、この考えを否定することもできる。ここには、議論のある種の曖昧さが関係している。確かに、これら六つのことをするのに、彼はただ一つの行為を遂行すればよいのである。しかし、それでも、（2）のように記述した場合、六つの出来事が同一なら、（1b）の条件は充たされているのかという問題が起こるのである。例えば、勝がスイッチをひねることと勝が部屋を明るくすることは、厳密に同じ場所と時間で行われたのだろうか？　勝がスイッチをひねることは、スイッチ付近で行われたと考えられるが、勝が

部屋を明るくすることは、スイッチも含んだ部屋で行われたことではないだろうか？

基本的に、デイヴィドソンの基本テーゼが正しいとしても、私の考えでは、行為と記述の関係には、微妙な問題がともなう。確かに、「勝がスイッチをすばやくひねること」は「勝がスイッチをひねること」のより詳しい記述にすぎず、ここでは、同一の行為が記述されていると言える〔$e_1=e_2$〕しかし、「勝がスイッチをひねること」は、「勝が部屋を明るくすること」の部分ではないだろうか？　この考えに基づくと、（2）で記された行為の関係は、「部分」というメレオロジー（mereology）の基本概念を用いて、次のように表せる[6]：

（3）　明かりをつける行為における行為間の関係

（$e_1=e_2$）&（e_1はe_3の部分）&（$e_3=e_4$）&（e_3はe_5の部分）&（$e_5=e_6$）

部分・全体関係は推移的な関係なので、e_1がe_3の部分であり、e_3がe_5の部分であることから、直ちに、e_1がe_5の部分であることが帰結する。ここで、e_kがe_nの部分であり、これらがともに同一人物の行為であるなら、「e_kはe_nより行為として基本的」と言うことにしよう。すると、前の例では、勝がスイッチをひねることと記述されるe_1は（3）の中で最も基本的な行為ということになる。ただし、$e_1=e_2$なので、e_2も最も基本的な行為となる。

デイヴィドソンの基本テーゼの言語行為論への適用

この節で私たちがたどりついた（修正された）デイヴィドソンの基本テーゼをオースティンの言語行為論における行為の分類に適用してみよう。

（4）　発語行為・発語内行為・発語媒介行為の区別の例

ある特定の発話のトークン e_0 において遂行される言語行為について、次のことが成り立つ：

このとき遂行される発語行為が e_1、音声行為が e_a、用語行為が e_b、意味行為が e_c、発語内行為が e_2、発語媒介行為が e_3 であるなら、次のことが成り立つ：

（$e_1 = e_0$）＆（$e_a = e_1$）＆（$e_b = e_1$）＆（$e_c = e_1$）＆（$e_2 = e_1$）＆（e_1 は e_3 の部分）

この解釈に従うなら、一つの発話において遂行される発語行為、音声行為、用語行為、意味行為、発語内行為は、同一の行為の異なった観点からの記述となる。また、一つの発話において複数の発語内行為が遂行されても、それは、同一の行為の異なる記述に過ぎず、問題とはならない。また、一般に、発語媒介行為は発語行為をその部分として含むような行為であり、当然、複数あってもかまわない。例えば、彼が私に「彼女を撃て」と言うという発語行為 e_1 は、彼は私に彼女を撃たせるという発語媒介行為 e_3 の部分となっている。つまり、e_3 は、私や彼女を含んだ場所や銃が撃たれた時間をも含んでいると考えられる。

発話の存在論的身分が明らかになったところで、第三章で述べた法廷での例を再考しよう。それは、ある民事裁判で裁判官が「原告の請求を棄却する」という発言を行うことにより、原告に対し敗訴判決を下し、被告に対し勝訴判決を下しているという例である。

まず、原告の請求を棄却すること、原告に対し敗訴判決を下すこと、被告に対し勝訴判決を下すことがオースティンの意味での発語内行為にあたることを確かめておこう。ここでは、これらについて、明示的遂行が可能なことを示せれば十分である。これは、次の例が成り立つことにより示されている：

(5)　法廷における明示的遂行の例
(a)　民事裁判で裁判官が「原告の請求を棄却する」と言うことにおいて原告の請求を棄却した。
(b)　民事裁判で裁判官が「原告に敗訴判決を下す」と言うことにおいて原告に敗訴判決を下した。
(c)　民事裁判で裁判官が「被告に勝訴判決を下す」と言うことにおいて被告に勝訴判決を下した。

また、裁判官は、原告の請求を棄却することにより、同時に、原告に敗訴判決を下し、被告に勝訴判決を下すことができる。それは、原告に敗訴判決が下されることは、原告の請求を棄却することの論理的帰結であり、被告に勝訴判決が下されることは、原告の請求を棄却することの論理的帰結であるからである。つまり、次のことが一般に成り立つ：

（6）請求の棄却と勝訴判決と敗訴判決の論理的関係

(a) eが原告の請求を棄却することであれば、eは、同時に、原告に敗訴判決を下すことであり、被告に勝訴判決を下すことである。

(b) 民事裁判で裁判官が「原告の請求を棄却する」と言うことにおいて原告の請求を棄却するなら、彼は、この発言において、原告に敗訴判決を下し、被告に勝訴判決を下している。

このように、一つの発話は、それを解釈する関心に従って、複数の役割を持つものとして理解することができる。一つの発語行為に必ず一つの発語内行為が対応しているわけではないのである。

2　発話を行為として捉えなおす

第1節では、発話を行為として捉え、さらに、行為を出来事とし、出来事を時空内に位置する対象とした存在論に従い、言語行為論における発話の存在論的身分を明らかにした。この節では、行為と意図との関係を分析し、その結果を発話の分析に適用する。

基本的行為図式

第一章で論じたように、合理的行為者は、自分の欲求を満たすために手持ちの情報を利用して行動に移す存在者である。だから、「Sが状態Zを惹き起こすためにXをなす」という図式は、合理的行為者の基本的行為図式となっている。この図式の背後にある志向的状態を分析してみよう：

（7）「Sが状態Zを惹き起こすためにXをなす」こと、行為の結果、行為の目的の規定

(a)　Sが状態Zを惹き起こすためにXをなす　⇕

Sは Zを欲する　＆　行為XがZを惹き起こすとSは信じている　＆　SはXをなすことを意図する　＆　SはXをなす

(b)　Sは次の状態を惹き起こすためにXをなす：［YをHが信じるようになる　＆　その結果、HがAする］　⇕

Sは次の状態を惹き起こすためにXをなす：［YをHが信じるようになる　＆　HがAする］

＆

Sは信じている：［YをHが信じるようになることは、HがAすることを惹き起こす］

(c)　行為XのSの目的はZである　⇕　Sが状態Zを惹き起こすためにXをなす

ここで、（7a）は、合理的行為者の行為図式を表している。[7] 合理的行為者は、自分のある目的達成のために適切な手段と自分が思う行為Xをなすことを企てるような存在者である。（7b）は、聞き手にAという行為をしてもらうために、自分がXという行為をすることを分析している。

行為の辞書的意味は、「人間が何らかの目的で、ある結果を伴うことをすること」である。つまり、行為には必ず目的が伴い、それはある結果をもたらす。行為は、一般に、行為が行われる際の状態記述を表す付加条件と行為の目的を特定することにより表現できる。窓をあけるという行為を例として、この記述法を適用してみよう：

行為	窓をあける
付加条件	窓が閉まっている
行為の目的	窓があいた状態にする

表1　行為の例

次に、「典型的な発語内行為」と呼ばれるものを、この行為の基本図式を用いて分析してみよう。

基本的行為図式を用いた発語内行為の分析

第三章2節で見たように、サールは、発語内行為を五つの基本クラスに分類した。この五つの基本クラスのうち、宣言型の発語内行為に関する本書の分析は、サールのものと根本的に異なっている。そこで、宣言型については、第五章で詳しく論じることにし、この章では、主張型、指令型、行為拘束型、表現型の発語内行為に分析対象を絞ることにする。

表2　典型的な発話の分析(8)

	辞書的意味	付加条件	行為の目的
pの主張X	自分の意見を相手に認めさせようとして強い調子で言い続けること	Xはpの内容を持つ文の発話である	Hがpを信じるようになる
Aすることの依頼X	何かをしてもらうように人に頼むこと	Xは発話である	Aすることを自分が欲していることをHが信じるようになる　&　その結果、HがAする
Aすることの命令X	目下の者に対して、自分の思うままに行動するよう、言いつけること	Xは発話である　&　HはSに対して目下である	Aすることを自分が欲していることをHが信じるようになる　&　その結果、HがAする
Aすることの約束X	近い将来、必ずそうするということを相手方に伝え、了解を得ること	Xは発話である　&　SがAすることはHにとって良いことである	Aすることを自分が意図していると、自分とHが相互に信じるようになる
感謝X	ありがたいと思って礼を言うこと	Xは発話である	自分がHに対してありがたく思っているとHが信じるようになる

表2における付加条件は、サールの事前規則にほぼ対応し、行為の目的は発語内的眼目にほぼ対応している。ただし、ここでは、発語内行為の分析が特別なものとして行われているのではなく、行為の基本図式を発話の場合に適用しているのである。つまり、発話も行為の一タイプにすぎないのである。また、この表から見て取れることは、表に書かれているようにある目的にそって発話を遂行するためには、話者は、高次の志向システムでなくてはならないということである〔本書第一章2節〕。

発語内行為の分類と行為の目的

表2を見ると、行為の目的の違いにより発語内行為が分類できるのがわかる。この分類法を用いると、サールの分類を再現することができる：

発語内行為のタイプ	聞き手Hに対する話者Sの発話の目的
主張型	Hがpを信じるようになる
指令型	HがAすることをSが欲しているとHが信じるようになる
行為拘束型	SがAすることを意図しているとHが信じるようになる
表現型	Sが心的状態ZにあることをHが信じるようになる

表3

このようにまとめると、主張型と他の型の違いは命題内容の違いにあることが見て取れる。つまり、発語内行為における（発話）行為の目的は、平叙文の発話の場合、「Hが□を信じるようになる」という基本図式により表すことができる。そこで、Hが信じるようになることが目指されている命題内容□に注目して表を作ると次のようになる：

発語内行為のタイプ	**Hが信じるようになることが目指されている命題内容**
主張型	任意の命題p
指令型	HがAすることを自分が欲していること
行為拘束型	自分がAすることを意図していること
表現型	自分が心的状態Zにあること

表4

主張型は、命題内容として任意のものを許すので、他の発語内行為は主張の特殊なものとして解釈できることがこの表の記述から帰結する。これを、次のようにまとめることができる：

発語内行為のタイプ	聞き手Hに対する話者Sの主張
主張型	pの主張
指令型	HがAすることをSが欲していることの主張
行為拘束型	AすることをSが意図していることの主張
表現型	Sが心的状態Zにあることの主張

表5　主張を基本にした発語内行為の分類

表5が示しているように、主張がすべての平叙文の発話の基本にあることがわかる。このことから、力についての次の重要な帰結が得られる：

（8）　平叙文で表現されるすべての力は、主張の力（behauptende Kraft, assertive force）である。

この（8）の帰結により、第三章2節で述べたサールの問題に答えることができる。（8）で述べられている「主張の力」は、基本的に、フレーゲの「主張の力」と同じものである。フレーゲは、主張の力を判断記号「⊢」によって表す〔Frege（1891）邦訳 p. 22〕：

発語内的力	記号表現
主張	$\vdash p$
依頼	⊢(聞き手HがAすることを話者Sが欲している)
約束	⊢(話者SがAすることを意図している) 前提：SがAすることはHにとって良いことである
警告	⊢(話者SがAすることを意図している) 前提：SがAすることはHにとって悪いことである
感謝	⊢(話者SがHに対してありがたいと思っている)

表6　主張の力を基盤にした発語内的力の分析

この表6から、「私はあなたがAすることを欲します」と言うことにより、何故、依頼が遂行でき、「私はAすること意図します」や「私はAします」と言うことにより、何故、約束が遂行でき、「私は本当にありがたいと思っています」と言うことにより何故、感謝が遂行できるのかが直ちにわかる。それは、もともと、依頼は聞き手に対する欲求の主張であり、約束は自らの意図の主張であり、感謝は自らがありがたいという気持ちを持っていることの主張だからである。

また、否定の問題も表7のように分析できる：

サールによる否定の分類	サールの分析	本書の分析	本書の解釈
サールの命題的否定	$F(\neg p)$	$\vdash F(\neg p)$	$F(\neg p)$ という命題の主張
サールの発語内的否定	$\neg F(p)$	$\vdash \neg F(p)$	$\neg F(p)$ という命題の主張

表7 「サールの発語内的否定」の分析

私の立場では、サールの「発語内的否定」は、複雑な命題的否定に他ならず、主張の力は否定されることがない。否定されるのは、常に、命題なのである。例えば、約束の二つの否定は、次のように表すことが適切である：

(9) 約束の例における否定の表現[9]
前提：SがAすることはHにとって良いことである
サールの命題的否定：⊢（話者SがAしないことを意図している）
サールの発語内的否定：⊢（話者SがAすることを意図していない）

この方法によれば、遂行動詞が記述に用いられる場合と遂行動詞が行為遂行に用いられる場合を入れ子にして適用することを問題なく表現できる。というのも、この分析では、遂行動詞が記述に用いられようと遂行的に用いられようと、遂行動詞の意味は同じだからである。例えば、「D氏にAすることを依頼することを私は約束します」と言うことは、「D氏がAすることをあなたHが欲していることをD氏に対して私が主張することを私は意図しています」と言うことと同じ意味になる。

疑問文や命令文で表現される発語内的力

先に、私は、平叙文で表現される（発語内的）力を主張の力と同定した。同様に、疑問文や命令文も疑問の力や命令の力を表現すると考えられる。ここで、これらの力の図式をまとめてみよう：

発話された文の叙法	記号表記	聞き手Hに対する話者Sの発話の目的
平叙文	$\vdash p$	Hがpを信じるようになる
イエスかノーを尋ねる疑問文	$?p$	Hがpと思うなら「はい」と言い、pと思わないなら「いいえ」と言うことを、Sが欲しているとHが信じるようになる
命令文	!(Aする)	HがAすることをSが欲しているとHが信じるようになる

表8　行為の目的

この表8からわかることは、疑問文で表現できることは命令文でも表現でき、命令文で表現できることは、平叙文でも表現できるということである。例えば、「?p」は、

「!(pと思うなら「はい」と言い、pと思わないなら「いいえ」と言う)」や

「⊢(pと思うなら「はい」と言い、pと思わないなら「いいえ」と言うことを、私は望んでいる)」

と表現でき、「!(Aする)」は、

「⊢(あなたがAすることを私は望んでいる)」

と表現できる。また、表3と表8から、命令文で遂行される発語内行為は指令型であることが帰結する。さらに、表8から、主張の力と同様に、疑問の力や命令の力は否定することができないことがわかる。力は、常に命題の外側にあり、否定できるのは、命題だけなのである。

サールの考えでは、発語内的力の存在は、「発語内的力表示方策」という用語に現れているように、統語論や意味論の基盤として前提にされている。これに対し、本書の分析では、力は、叙法(mood)と結びついて現れるものである。つまり、私の考えでは、力は、叙法を用いるときの志向的状態を表現したものに他ならない。

遂行的発言によって何故行為は遂行されるのか

遂行文の一般的問題に入る前に、まず、「主張する」という動詞の基本的特徴を確認しておこう：

(10)　基礎的行為遂行としての主張
(a)「p」という平叙文をSがHに対して言うならば、SはHに対してpを主張している。
(b)「私はpを主張する」とSがHに対して言うならば、SはHに対してpを主張している。

(10)に従えば、pを主張するためには、「私はpを主張する」などとわざわざ言う必要はなく、単に、「p」と言えばよいことになる。「今日はサッカーの試合が放映されると私は主張する」と言うのは、少し奇妙に響く。このとき、私は、単に、「今日はサッカーの試合が放映される」と言えばよいのである。

この(10)のテーゼを表5の「主張を基本にした発語内行為の分類」と組み合わせると、遂行文の発話により、何故、行為が遂行できるのかが説明できる。例えば、行為拘束型の発話である「私はAすることを意図しています」に対して(10a)を適用すれば、次のようになる：

「私はAすることを意図しています」とSがHに対して言うならば、SはHに対してAすることを意図していることを主張している。

すると、表5から、この発話は、行為拘束型の発話に分類される。つまり、この文を発話することにより、Sは、行為拘束型の行為を遂行しているのである。

次に、「私はAすることを約束します」という明示的遂行文について考えてみよう。「Aすることを約束する」の意味は、表2を参考に、次のように言ってもよいだろう：「SがAすることがHにとって良いことであるときには、SがAすることを約束するのは、SがAすることを意図していることを主張するとき、かつ、そのときに限る」。この「約束」の意味規定に（10b）を適用すれば、次のことが帰結する：

SがAすることがHにとって良いことであるときに、「私はAすることを約束します」とSがHに対して言うならば、SがHに対して「私はAすることを意図していることを主張する」ということも言うことに含まれており、結局、SはHに対してAすることを意図していることを主張している。

この結果に、さらにもう一度、「約束」の意味規定を適用すると、次のようになる：

SがAすることがHにとって良いことであるときに、「私はAすることを約束します」とSがHに対して言うならば、SはHに対してAすることを約束している。

ここで、約束は、例にすぎず、この結果が一般化できることは、容易に確かめることができる。[10] こうして、私たちは、遂行動詞の使用による行為遂行についてのテーゼを得ることができる。

(11)　遂行動詞「Vする」についての付加条件が充たされているときに、「私はYをVする」とSがHに対して言うならば、SはHに対してYをVしている。[11]

ここで、再び、「主張する」という動詞について考えてみよう。(10b)によれば、「pを主張する」と言うことは、pを主張することに他ならない。つまり、「主張する」は、(11)の条件を充たしており、遂行動詞であることが確かめられる。ただし、「主張する」は、他の遂行動詞が(11)を充たすことを示すのに(10)で表現されている「主張する」の特性を用いることが必要になるという意味で、基礎的な遂行動詞である。

3　信頼と協力の役割

信頼は、主張の受け入れに関して決定的な役割を果たし、協力の姿勢は、指令型の発話の成功に深く関係する。これからの議論を明確にするために、信頼と協力に関して次の規定を与えておく：

（12）　信頼と協力の原則

(a)　SがHを信頼しているとき、pをHが信じるようになることをSが欲しているとHが思うことは、Hがpを信じることを惹き起こす。

(b)　HがSに協力的なとき、行為AをHが実行することをSが欲しているとHが思うことは、Aの実行をHが意図することを惹き起こす。

この（12）を用いて、次の命題を示すことができる。このことの証明は、中山（2004a）で与えられているので、興味のある人は、それを参照してもらいたい：

（13）　信頼と協力についての命題

SとHが合理的行為者であれば、次のことが成り立つ：

(a)　HがSを信頼しており、自分もHも言語共同体*LC*に属するとSが信じているとき、SがHにXと言うことがpをHが信じるようになることをSが欲しているとHが思うことを惹き起こすとSが信じているならば、SがHにXと言うことがpをHが信じることを惹き起こすとSは信じている。(12)

(b)　HがSに協力的で、自分もHも言語共同体*LC*に属するとSが信じているとき、SがHにXと言うことがHが行為Aを実行することをSが欲しているとHが信じるようになることをSが欲していると H が思うことを惹き起こすと S が信じているならば、S が H に X と言うことが A の実行を H が意図することを惹き起こすと S は信じている。

(c) H が S を信頼するとともに S に協力的で、自分も H も言語共同体 *LC* に属すると S が信じているとき、S が H に X と言うことが H による行為 A の実行を S が欲していると H が思うことを惹き起こすと S が信じているならば、S が H に X と言うことが A の実行を H が意図することを惹き起こすと S は信じている。

ここで、(13 a) は、簡単に言うと、H が S を信頼していれば、p を意味する X を言うことにより H が p を信じることが期待できるということを表現している。例えば、泉が勝を信頼しているなら、「今、大阪は暖かです」と勝が泉に電話で言うことにより、泉が「大阪は、今、暖かなのだ」と信じることが期待できるということである。そして、(13 c) は、H が S を信頼し、しかも、協力的であるなら、H による行為 A の実行を S が欲していることを意味する X を言うことにより H が A を実行することが期待できるということを表現している。例えば、大学生の茂が小学生の美穂を信頼し、しかも、茂が美穂に協力的ならば、美穂が「この算数の問題の答えを教えて」と茂に言えば、茂が美穂に答えを教えることが期待できるということである。

H が S を信頼しているときに S が H に X と言うときの S と H の志向的状態の変化は、図 1 を用いて明瞭にすることができる〔中山 (2004a)〕。

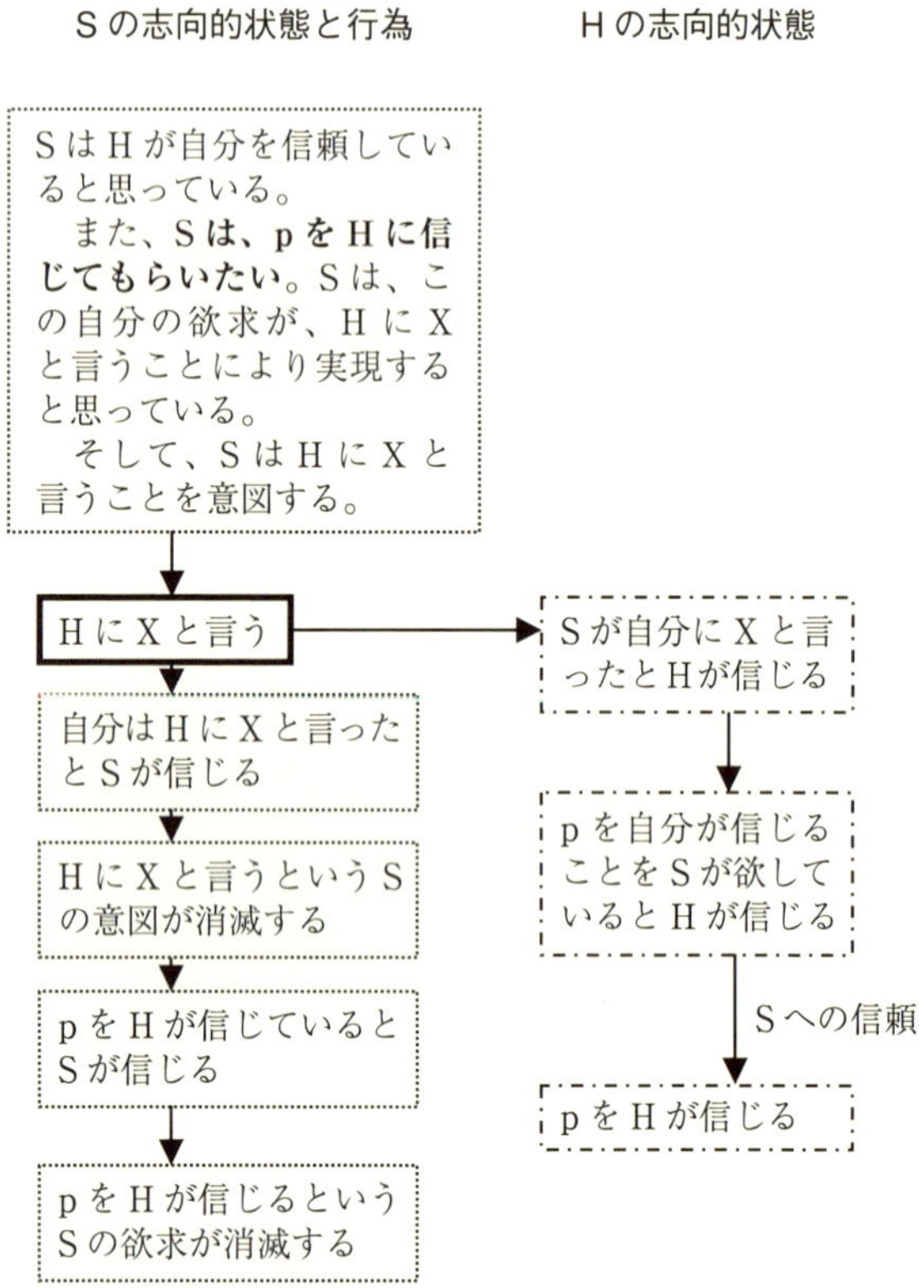
Sの志向的状態と行為
Hの志向的状態
SはHが自分を信頼していると思っている。
また、**Sは、pをHに信じてもらいたい**。Sは、この自分の欲求が、HにXと言うことにより実現すると思っている。
そして、SはHにXと言うことを意図する。
HにXと言う
Sが自分にXと言ったとHが信じる
自分はHにXと言ったとSが信じる
pを自分が信じることをSが欲しているとHが信じる
HにXと言うというSの意図が消滅する
Sへの信頼
pをHが信じているとSが信じる
pをHが信じる
pをHが信じるというSの欲求が消滅する

図1　発話による態度伝達の基本構図

図1のXに「私は頭が痛い」を代入し、pにSは頭が痛いということを代入すると、図2が例として得られる。

指令型の発話では、第2節で述べたように、命題pの換わりに、「HがAすることをSが欲している」を代入すればよい。図1を適当に省略して、HのSに対する協力を考慮して図を描くと、図3のようになる。

図3で描かれている一連の行為連鎖の後に、初期状態でのSの意図や欲求は充足され消滅する。このことを、第一章で導入した記号表記を用いて表すと図4のようになる。

第一章で見たように、合理的行為者は、自分の欲求を充たすために、自分が信じていることに従って、その欲求充足のための手段になる行為を遂行する存在者である。このような行為の試みの連鎖は、初期の欲求の充足によって終結する。その後、合理的行為者は別の新たな欲求充足のために別の行為連鎖を実行していくことになる。

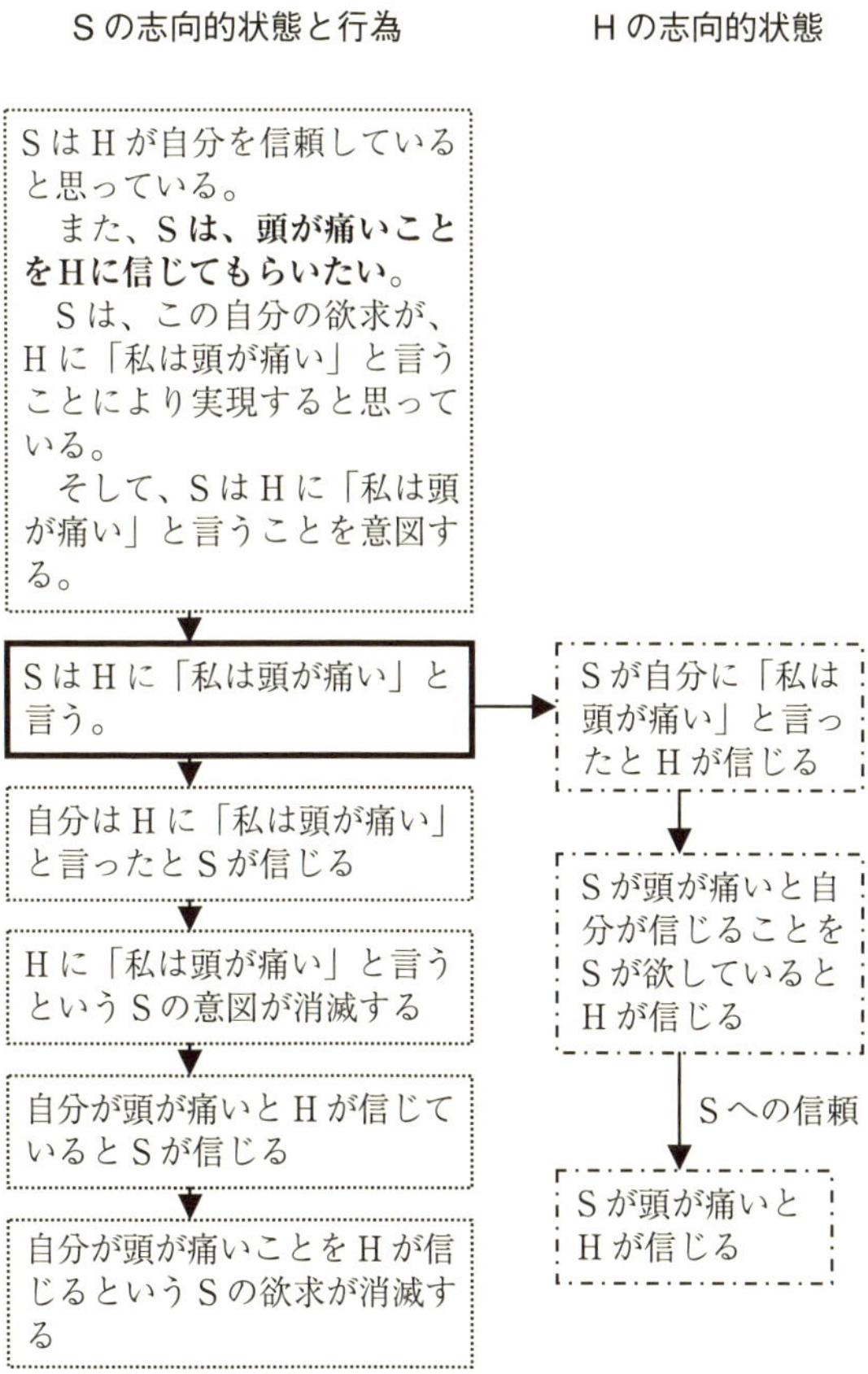
Sの志向的状態と行為
Hの志向的状態
SはHが自分を信頼していると思っている。
また、Sは、頭が痛いことをHに信じてもらいたい。
Sは、この自分の欲求が、Hに「私は頭が痛い」と言うことにより実現すると思っている。
そして、SはHに「私は頭が痛い」と言うことを意図する。
SはHに「私は頭が痛い」と言う。
自分はHに「私は頭が痛い」と言ったとSが信じる
Hに「私は頭が痛い」と言うというSの意図が消滅する
自分が頭が痛いとHが信じているとSが信じる
自分が頭が痛いことをHが信じるというSの欲求が消滅する
Sが自分に「私は頭が痛い」と言ったとHが信じる
Sが頭が痛いと自分が信じることをSが欲しているとHが信じる
Sへの信頼
Sが頭が痛いとHが信じる

図2　発話による態度伝達の例：「私は頭が痛い」

ここで、指令型の発話による行為連鎖の例を一つ見ておこう。この例は、「砂糖取って！」という発話の例であり、図3の「Aする」に「砂糖を取る」を、そして、Xに「砂糖取っ

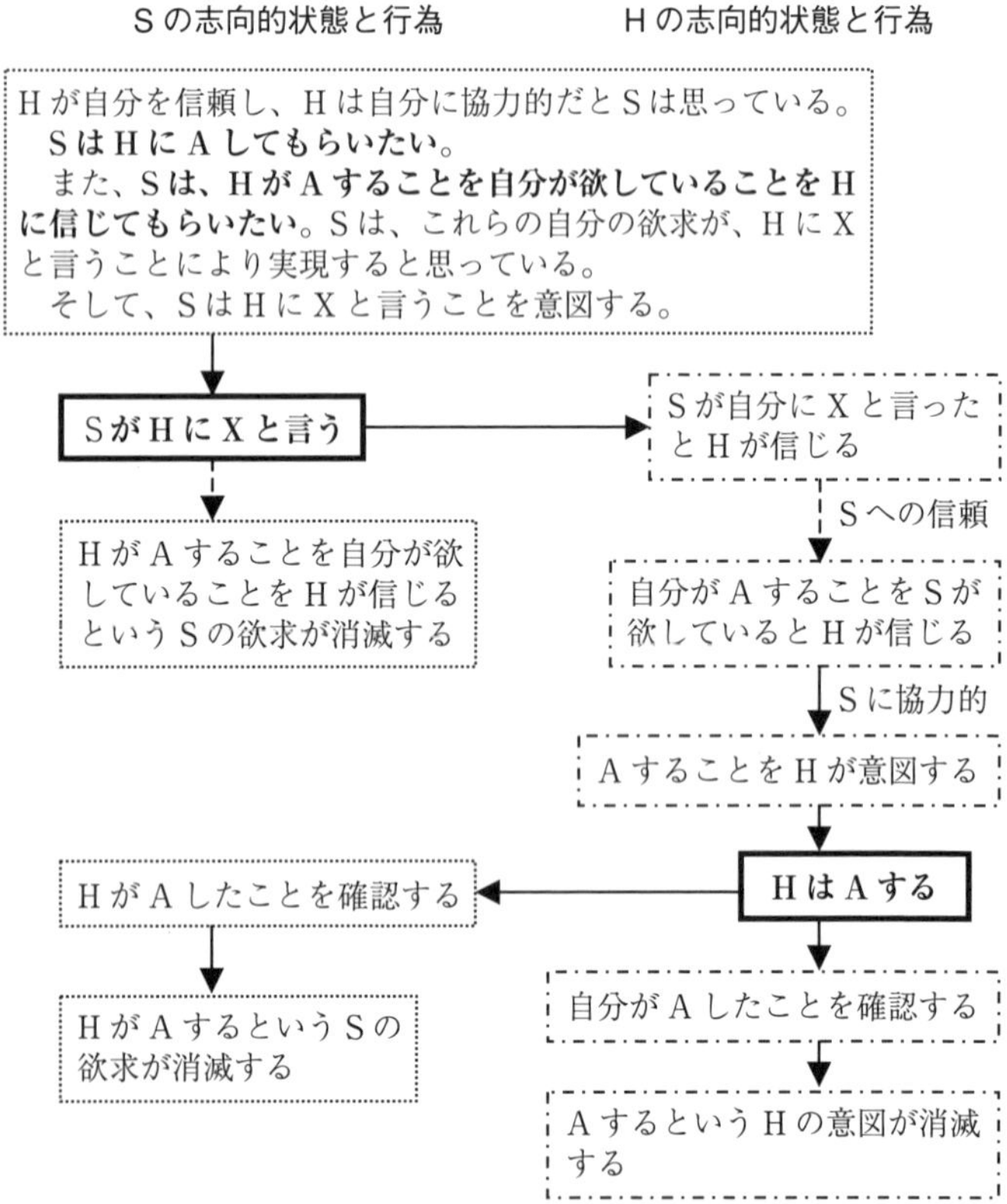
Sの志向的状態と行為
Hの志向的状態と行為
Hが自分を信頼し、Hは自分に協力的だとSは思っている。
SはHにAしてもらいたい。
また、**Sは、HがAすることを自分が欲していることをHに信じてもらいたい。**Sは、これらの自分の欲求が、HにXと言うことにより実現すると思っている。
そして、SはHにXと言うことを意図する。
SがHにXと言う
Sが自分にXと言ったとHが信じる
Sへの信頼
HがAすることを自分が欲していることをHが信じるというSの欲求が消滅する
自分がAすることをSが欲しているとHが信じる
Sに協力的
AすることをHが意図する
HがAしたことを確認する
HはAする
HがAするというSの欲求が消滅する
自分がAしたことを確認する
AするというHの意図が消滅する

図3　指令型発話による行為連鎖の基本構図

て！」を代入することにより得ることができる〔図5〕。

これまでの議論からわかるように聞き手の話者に対する信頼と協力は、発話の目的を達成するために、決定的な役割を果たす。だから、話者は、信頼や協力の見込みがないところでは、発話を控えることが多いのである。

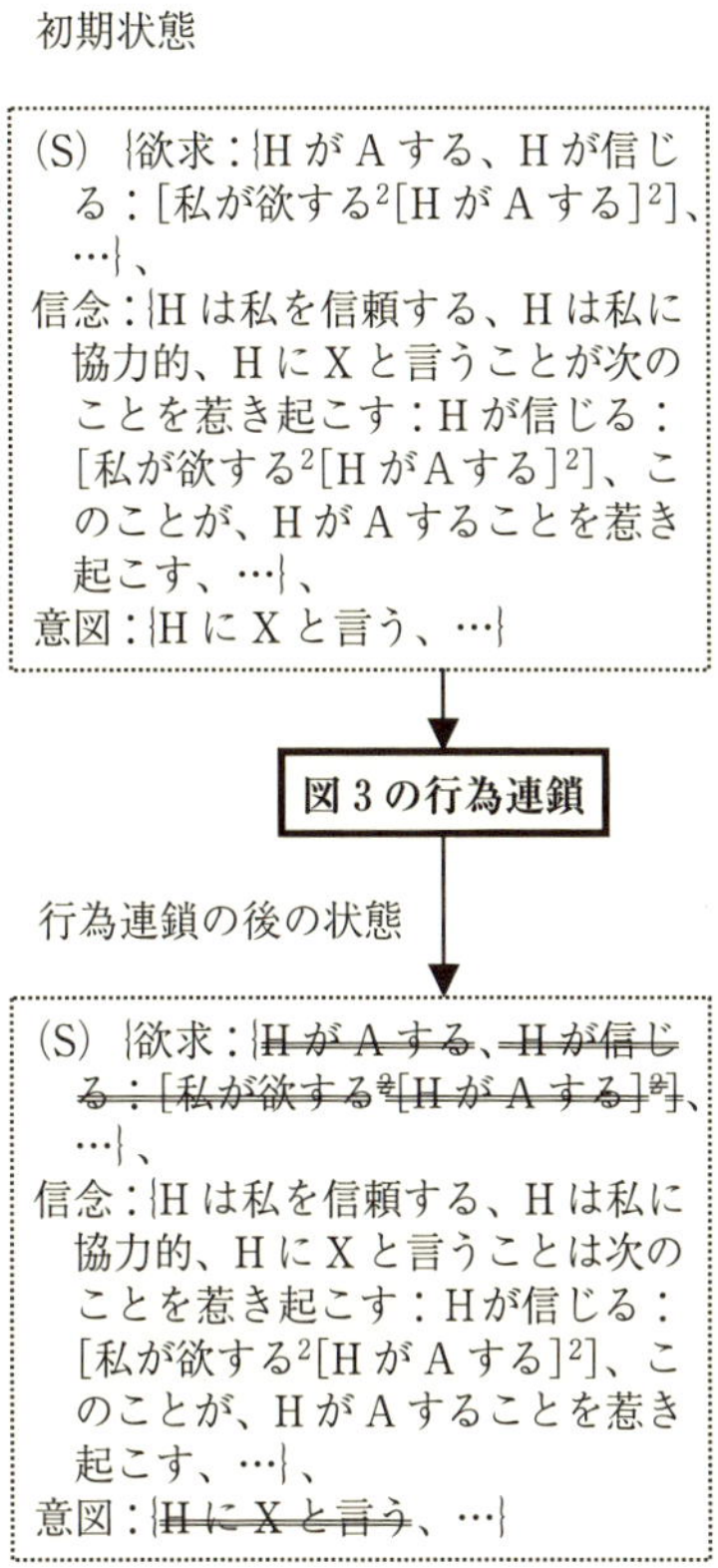
初期状態
(S) {欲求：{H が A する、H が信じる：[私が欲する²[H が A する]²]、…}、
信念：{H は私を信頼する、H は私に協力的、H に X と言うことが次のことを惹き起こす：H が信じる：[私が欲する²[H が A する]²]、このことが、H が A することを惹き起こす、…}、
意図：{H に X と言う、…}
図 3 の行為連鎖
行為連鎖の後の状態
(S) {欲求：{~~H が A する、H が信じる：[私が欲する²[H が A する]²]~~、…}、
信念：{H は私を信頼する、H は私に協力的、H に X と言うことは次のことを惹き起こす：H が信じる：[私が欲する²[H が A する]²]、このことが、H が A することを惹き起こす、…}、
意図：{~~H に X と言う~~、…}

図 4　初期欲求の充足

発話を行為として捉えることの利点

最後に、発話を行為として考える利点について、まとめておこう。

発話を行為として考えれば、行為を分析するのと同じ方法により、発話を分析することができる。行為には、目的－手段の連鎖がしばしば見られる。例えば、私が自転車に乗ってコンビニに向かっているとしよう。私が、コンビニに向かうのは、おにぎりを一個買うという目的のためである。そして、私が、コンビニでおにぎりをさがすのは、おにぎりを買うためであり、「これください」とレジの前でおにぎりを店員に差し出すのは、やはり、おにぎりを買うためなのだ。ここでは、おにぎりを買うという目的のために、いくつかの手段が実行に移されている。そして、「これください」という（依頼の）発話も、このおにぎりを買うための一連の行為連鎖の中に他の非言語的行為とともに埋め込まれているのである。だ

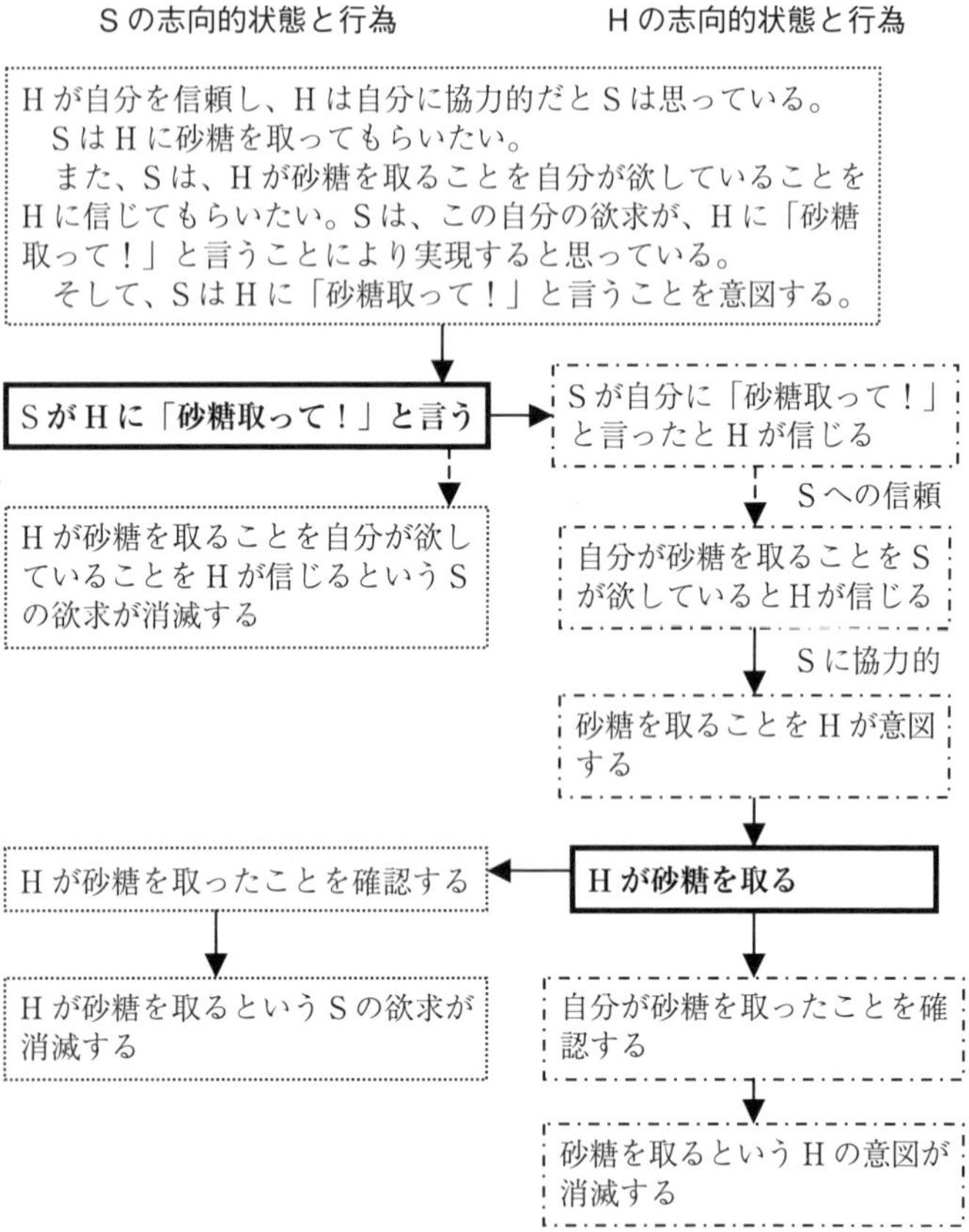
Sの志向的状態と行為
Hの志向的状態と行為
Hが自分を信頼し、Hは自分に協力的だとSは思っている。
SはHに砂糖を取ってもらいたい。
また、Sは、Hが砂糖を取ることを自分が欲していることをHに信じてもらいたい。Sは、この自分の欲求が、Hに「砂糖取って！」と言うことにより実現すると思っている。
そして、SはHに「砂糖取って！」と言うことを意図する。
SがHに「砂糖取って！」と言う
Sが自分に「砂糖取って！」と言ったとHが信じる
Sへの信頼
Hが砂糖を取ることを自分が欲していることをHが信じるというSの欲求が消滅する
自分が砂糖を取ることをSが欲しているとHが信じる
Sに協力的
砂糖を取ることをHが意図する
Hが砂糖を取ったことを確認する
Hが砂糖を取る
Hが砂糖を取るというSの欲求が消滅する
自分が砂糖を取ったことを確認する
砂糖を取るというHの意図が消滅する

図5　指令型発話による行為連鎖の例：「砂糖取って！」

から、発話を行為として捉えれば、行為論の全体の枠組みの一部として発話を分析し、行為に関する一貫した分析を支えることができる。そして、このような試みを、私は、第六章で展開する予定である。

Ⅲ　共同の行為と心の共同性

「私たちは、人々が争い続けることに心を痛めていた。このまま沈黙し続けてはいけない。そう思い、私たちは行動した。」人々は、いつも、個々バラバラに行動しているわけではない。人々は、ときに、同じ思いを抱き、共同の目的に向かって行動する。「彼らは、街頭に出て、隊列を組み、言論の自由を訴えた」などと私たちが言うとき、私たちは、一つの集団に心的状態や行為を帰属させている。集団的心的状態や集団的行為とは、一体、何なのか？　これを解明するのが、この第Ⅲ部の課題である。

第五章　集団的志向性と宣言

二〇〇三年九月十五日、阪神タイガースの選手たちは、一丸となって試合に勝つことを目指していた。彼らは、この日に勝てば優勝が決まることをお互いに知っていた。そして、この日に勝つことを各選手が欲していたし、そのことをお互いに知っていた。チームが一塊になって行動を遂行するとき、集団的信念や集団的欲求が生まれている。集団的志向性は、日常のいたるところで表れており、このことに言及せずに語ることは、ほとんど不可能に思えるほどである。言語使用そのものが、言語共同体において信念が共有されていることを基盤に成り立っているのである。そして、あらゆる社会的活動は、集団的志向性に支えられている。この章では、この集団的志向性がどのようなものであるかを明らかにしていきたい。

1　集団的志向性の規定

集団的志向性の規定については、いくつかの異なる提案がなされている。ここでは、特に影響力の大きいサールとレイモ・トゥオメラ（R. Tuomela）の規定を紹介した後、私自身の提案を説明することにする。

サールによる集団的志向性の分析

サールは、『社会的現実性の構築』（1995）において、集団的志向性を社会的現実の構成基盤の一つとして扱っている。彼は、「社会的事実（social fact）」を、集団的志向性を巻き込んでいる事実と定義している〔Searle（1995）p. 26〕。この定義に従うと、例えば、二人で一緒に散歩に行くことなども社会的事実となる。

また、サールは、個人的志向性（「私－志向性（I intentionality）」）と集団的志向性（「我々－志向性（We intentionality）」）を質的に異なるものとし、集団的志向性は個人的志向性に還元不可能なものとしている。それは、異なる個人の私－志向性をいくら集めてみても、我々－志向性にはならないという理由からである。

サールによれば、AとBとCという人物が「我々－意図（We intention）」を持つということは、

AもBもCも「私たちは、〜を意図している」という意図を持つことである。サールが拒否するのは、自分がある意図を持つことを他の人々が同じ意図を持つという信念に依存させることにより「我々－意図」を定義することである。このようにするなら、Aは、自分の持つ意図を無限に遡及する相互信念に依存させなくてはならなくなると、サールは批判する。サールは、集団的志向性は生物学的に原初的現象なのだと考えるのである〔p. 24〕。つまり、個人的志向性（individual intentionality）と集団的志向性が関係を持つ場合でも、そこでは、個人的志向性が集団的志向性から導かれていると考えるのである。例えば、フットボールの選手の一人がディフェンシブエンドをブロックするという単称意図を持つとき、味方の選手たちがパスするという集団的意図の部分として彼はその意図を持つとされる。

私には、このようなサールの議論は不明確に思われる。少なくとも、個人的意図が集団的意図から導かれるとしたなら、どのような導出の図式が成り立つかを、サールは明らかにすべきである。そうでなければ、共同行為を精確に分析することはできなくなる。

トゥオメラによる集団的志向性の分析

トゥオメラは、『社会的実践の哲学』（2002）において、彼が一九八〇年代から続けてきた社会的行為についての研究成果を一冊の本としてまとめている〔Tuomela（2002）〕。この本の中心概念となっているのが、共有された我々－態度（shared we-attitude）である〔p. 39〕。

xがpという我々態度を持つのは、次のことが成り立つときである：

xがpという態度を持ち、さらにxが次のことを信じている：

すべての人がpという態度を持ち、さらに、すべての人がpという態度を持つということがグループGの相互信念となっている。

この規定には「相互信念（mutual belief）」という概念が現れるが、相互信念には、二つの解釈法があることをトゥオメラは指摘している。一つは、反復的説明（iterative account）であり、もう一つは、反省的説明（reflexive account）あるいは不動点説明（fixed-point account）である〔p. 34f〕：

相互信念の反復的説明

xとyがpという相互信念を持つとは、両者がpという信念を持つとともに、相手もpと信じていると互いに思い、場合によっては、これが無限に続くということである。

相互信念の不動点説明

xとyがpという相互信念を持つのは、両者がpという信念を持つとともに、pということが両者により相互に信じられていると両者が信じているとき、かつ、そのときに限る。

また、信念についての合理性の規定を加えると、相互信念についての無限に続く反復的説明から不動点説明が帰結することを、トゥオメラは示唆している〔p. 35〕。トゥオメラの共有された我々態度は、サールの集団的志向性とは異なり、個人的信念との関係を細密に表現したものである。このような方法論は、我々-志向性から個人的志向性についての帰結を得るためには不可欠なものである。

新たなる集団的志向性の分析

すでに見たように、サールは、集団的志向性の概念は原初的であり、個人の志向性に還元不可能であると主張した。しかし、集団的志向性が何を意味しているかは、個人的志向性との関係により定まるのであり、この関係を明らかにしない限り、集団的志向性から個人の行為への影響を分析することは困難である。また、トゥオメラは、サールとは異なり、相互信念を含んだものとして「我々-態度」を規定していることを私たちは確認した。私のここでの提案も、基本的には、トゥオメラの路線に沿ったものだが、共有された志向性を基本にしているところに特徴がある。つまり、共有された志向性についての共有信念として、私は、集団的志向性を定義する。これは、個人的志向性と集団的志向性とを並行的に記述することを目指した表現だが、本質的部分は、トゥオメラの規定と大きな違いはないと思われる。それでは、以下で、私の提案をもう少し詳しく説明することにする。

グループの構成員は、信念や欲求や意図を共有することができる。ここでは、「グループにおける志向性の共有」を、グループの全構成員がその志向性を持っていることとして捉えることにする。

（1）共有された志向性（信念、欲求、意図）
グループGがpという信念（欲求、意図）を共有するのは、Gの全構成員がGの構成員であるということを自覚するとともにpという信念（欲求、意図）を持っているとき、かつ、そのときに限る。

このとき、集団的志向性は、共有された志向的状態についての高次の共有信念として表すことができる：

（2）集団的志向性（信念、欲求、意図）
グループGがpを集団的に信じている（欲している、意図している）のは、Gがpという信念（欲求、意図）を共有しているという信念をGが共有しているとき、かつ、そのときに限る。

例として、「日本人は千円紙幣が貨幣だと思っている」の読みを考えてみよう。この文の共有信念としての読みでは、「自分も含めてすべての日本人が千円紙幣は貨幣だと信じている」という意味になり、集団的信念としての読みでは、「自分も含めてすべての日本人が、日本人の誰もが千円紙幣は貨幣だと信じていると信じている」という意味になる。紙幣の有効性は、後者の集団的信念を前提に成り立つものである。貨幣であるということの意味は、商品と交換できる一定の価値を有するものとして社会に受け入れられているということである。それは、その社会の中で様々な行為を可能にする集団的信念である。ここで、太郎が千円札を出して七八〇円の弁当をコンビニで買うという行為を考えてみよう。このような単純な行為も次のような集団的信念なしには遂行できない：

（3）　集団的信念の例（二人の場合）

太郎と店員の二人は次の事柄をお互いに知っていると思っている：

(a)　弁当の価格が七八〇円だということ、
(b)　太郎の出した千円紙幣は貨幣だということ、
(c)　太郎が七八〇円の弁当を買いたいのだということ。

このことの記号的記述：

太郎と店員が集団的に信じる［弁当（a）＆　aの価格＝七八〇円　＆　太郎はbを出した　＆　千円紙幣（b）　＆　貨幣（b）　＆　太郎が欲する[2]［太郎がaを買う］[2]］

このように、集団的信念は日常生活のいたるところで前提にされている。

2　言語共同体における集団的信念

意味公準

私たちが他者の言明を理解できるのは、その言明を解釈するための語の意味解釈を共有していることを知っているからである。そして、クワインが「経験主義の二つのドグマ」で論じたように〔Quine（1951）〕、言語の意味に関する知識と世界についての知識の間に明確な境界線を引くことはできない。つまり、私たちがお互いに理解しあえるのは、基本的な事柄を集団的に信じているからである。ここで、単なる共有信念ではなく、集団的信念が必要になるのは、自分の行動に対する相手の反応を理解するためには、基本的な事柄が相手と私の両者で共有されていると私が信じていることが、多くの場合、要求されるからである。この言語に関する基本的集団的信念を「意味公準（meaning postulate, *MP*）」と呼ぶことにしよう。すると、言語共同体（*LC*）は、ある特定の *MP* を集団的信念として受け入れている共同体として規定することができる。

（4）　意味公準に関する前提

言語共同体 *LC* における意味公準とは、*LC* のすべての構成員が承認しているような文である。だから、pが意味公準であるなら、*LC* はpを集団的に信じている。

素朴物理学や素朴心理学も、通常、人々に信じられているので、意味公準に属すると考えていいだろう。そして、素朴物理学の中で特に重要なのが、次の因果性に関する信念である：

（5）因果性についての意味公準に関する前提

(a) 因果的関係の推移性：CがDを惹き起こし、DがEを惹き起こしたなら、CはEを惹き起こした。

(b) 原因は結果に先行する。つまり、CがEを惹き起こしたなら、Cの生起の後にEは生起した。

素朴心理学については、すでに、第二章で論じられた。私たちが共同体の中で生活するには、お互いに合理的行為者であることを承認しあっている必要があるのである。

事実の分類

サールは、すでに、『言語行為』（1969）において、生まの事実（brute fact）と制度的事実の区別を導入していた。『社会的現実性の構築』（1995）では、この違いがさらに重要度を増してくる。そこでは、「制度的事実」は次のように説明されている：

「これらが世界に存在する事実のすべての種類だというつもりはないのだが、太陽が地球から九三〇〇万マイル離れているという事実のような生まの事実とクリントンが大統領であるという事実のような制度的事実は、区別する必要がある。生まの事実は、どんな人間たちの制度とも独立に存在する。制度的事実は、人間たちの制度の中においてのみ存在できる」〔Searle (1995) p. 27〕。

このように、制度的事実は、制度を前提にしてはじめて成り立つ事実である。私は、このサールの区別を、心ということに注目して規定しなおすとともに、事実のタイプの区別に先立って、文のタイプの区別を導入したい。心ということに注目するのは、制度が何であるかを説明するためには、集団的志向性に基づかなければならないからである。そして、文のタイプの区別を最初に導入するのは、事実のタイプの区別は、文のタイプの区別に基づいて規定することができるからである。

(6)　文のタイプと事実のタイプの規定

(a)　pが生まのタイプの文（sentence of brute type）である　⇕
　pの真理条件が合理的行為者の心的状態に依存せず定まる。

(b)　pがS－内省的タイプの文（sentence of *S*-introspective type）である　⇕
　Sは合理的行為者　&　pの真理条件がSの心的状態に依存して定まる　&
　(pが成り立つ⇕Sがpを信じている)。

(c)　pがG－制度的タイプの文（sentence of *G*-institutional type）である　⇕

pの真理条件がグループGの構成員の心的状態に依存して定まる。

(d) pが生まの事実を表現する ⇕ pが生まのタイプの真な文である。

(e) pがS－内省的事実（S-introspective fact）を表現する ⇕ pがS－内省的タイプの真な文である。

(f) pがG－制度的事実を表現する ⇕ pがG－制度的タイプの真な文である。

（6b）は、第一章3節の（3）ですでに主張されていたテーゼである。志向性は、心的状態に属するため、（6b）の規定から、次の志向性の透明性（7）が帰結する。というのも、「Sがpを欲する」や「Sがpを意図する」や「Sがpを信じる」は、S－内省的タイプの文に属するからである。

（7）　志向性の透明性（内省）

合理的行為者xがpを欲する（意図する、信じている）⇕ xがpを欲する（意図する、信じている）と信じている。

志向性は、内省により到達可能な状態である。また、（7）から、信念の無限の入れ子が発生することが帰結する。つまり、「xがpを信じているのはxがpを信じていると信じていると信じている…と信じているとき、かつ、そのときに限る」ということが成り立つ。しかし、このことは、信念の高次の入れ子は、次の入れ子と同じ内容を持っており、それに何も付け加えないということを意味しているにすぎない〔中山（2003b）〕。自分が持つ信念は一つの状態であるため、ここでは何の問題も発生しない。「私が私であるということを知っている」ということは、「自己意識」（Selbstbewußt-sein, self-consciousness）と呼ばれたりすることもあるが、この特徴付けは適切ではない。「私が私であるということを知っている」ということは、自己についての信念という一つの心的状態であって、意識過程ではない。私は私自身であることを常に知っているが、このことは、この信念の内容を私が常に意識していることを意味してはいない。

（6）において、私は、「G－制度的事実」という概念を導入した。ここで、私は、「集団的信念」の概念を用いて「G－制度的基礎事実」という概念を新たに導入する。制度的基礎事実は、制度的事実のうちでも、社会の成立ということに関し、特に重要な役割を果たすものである。

（8）　G－制度的基礎事実の規定

(a)　文pがG－制度的強基礎事実を表現しているのは、次の条件が充たされているとき、かつ、そのときに限る：

　　pが真である　⇕　pがグループGにより集団的に信じられている。

(b)　文pがG－制度的基礎事実を表現しているのは、次の条件を充たすグループXと分野Yが存在するとき、かつ、そのときに限る：

Gの全構成員が分野Yに関してXを信頼していることがGで集団的に信じられている　&
文pがX‐制度的強基礎事実を表現している

G‐制度的基礎事実の例としては、「大阪大学は大学である」という文により表されるような「日本‐制度的基礎事実」が考えられる。また、G‐制度的強基礎事実もG‐制度的基礎事実も、ともにG‐制度的事実であることは、(6)と(8)の規定から直ちに帰結する。そして、制度的事実が幻想でないのは、人々がこの制度的基礎事実についての集団的信念を基盤に行為するからである。人々は、貨幣を使用し、会社で働き、ローンの支払いが残っている家に住む。また、社会規範を無視し勝手にふるまえば、犯罪とみなされ刑罰を科せられると人々は信じている。これらの行為や信念は、制度的基礎事実についての集団的信念が社会に存在することを前提にはじめて可能となるのだ。

3　宣言の分析

第四章では、私は、宣言の分析を控えておいた。それは、宣言を分析するためには、集団的志向性を導入する必要があったからである。この節では、サールの分析と対比する形で、宣言の新しい分析を提案したい。

のである。

サールによる宣言の分析

サールによる宣言の特徴は、宣言の首尾よい実行は、命題内容と現実との対応を生み出すというものである。

「宣言。このクラスの定義的特徴は、そのクラスに属するものの首尾よい実行（successful performace）が命題内容と現実との対応を惹き起こし、首尾よい実行が、命題内容が世界に対応することを保証することにある。あなたを議長に任命する（appoint）ことを私が首尾よく実行すれば、あなたは議長である。あなたを候補者として指名する（nominate）ことを私が首尾よく実行すれば、あなたは候補者である。戦争状態の布告（declaring a state of war）を私が宣言すれば、戦争は行われている。あなたたちを結婚させる（marrying you）行為を私が首尾よく実行すれば、あなたたちは結婚している」〔Searle (1979), p. 16〕。

このサールによる定義の問題点は、命題内容と世界を直接に関係付けているところにある。これでは、宣言と魔術との区別がつかなくなってしまうだろう。「蛙になれ」と言って人間を蛙にした魔術師がいたとしたなら、サールのこの規定によれば、この魔術師はここで宣言を遂行していたことになってしまう。しかし、この魔術師が行ったことは単なる言語行為ではなく、魔術だったはずである。実際、サールは、「光あれ」という神の発話を超自然的宣言として扱っている〔p. 18〕。これは、「宣言」という概念の不当な拡張ではないだろうか。確かに、首尾よく実行された宣言は制度的事実という事実を生み出す力を持っている。しかし、このとき変化しているのは、世界そのものではなく、制度なのである。

行為は、一般に、世界の状態を変えるものである。しかし、発話によって変わるのは、世界そのものではなく、世界の構成員である人々の心の状態である。聞き手は、話者が言うことを聞くことにより、話者が何を考え、何を欲し、何をしようと企てているのかを知るのである。この情報の獲得という心的状態変化を話者は聞き手にもたらすことができ、これが、発話が惹き起こす効果である。サールが宣言の規定において命題内容と世界を直接に関係付けたときに欠けていたのは、人々の心的状態という要素である。宣言は、あるグループの集団的信念を変えるための発話である。だから、このような発話が成功すれば、新しい集団的信念の形成により制度的事実を確立させることができるのである。(1)

集団的信念生成の欲求の主張としての宣言

第四章で行ったような発話の分析を、宣言にも適用してみよう。私の提案は、表1のように表現できる。

p の宣言 X	
辞書的意味	個人（団体）が、自分の意見や方針を世間に対して公式に発表すること
付加条件	X は発話である　&　話者 S の権威がグループ G で認められている
行為の目的	p を G が集団的に信じることを S が欲しているという信念を G が共有する　&　その結果、p を G が集団的に信じる

表1　宣言の分析

表1にあるように、宣言は、個人に対してなされるのではなく、グループ全体に対してなされ、その発話の目的は、指令型の発話と共通性を持つ。ただし、指令型では、話者は、聞き手の行動を望むのだが、宣言では、聞き手集団 G における G-集団的信念の生成を望んでいるのである。サールの分析に欠けているのは、辞書的意味にも現れている宣言の公式性である。例えば、「あなたは首だ（You are fired）」と社長が一人の部下に言ったとしても、この発言は、会社というグループ全体に対してなされたものである。これが、他の発言のタイプと宣言を区別する重要な特徴なのである。表1の分析に従うと、「あなたは首だ」という発話は、「あなたが首であることを会社 G が集団的に信じることを私は欲している」という主張を遂行していることになる。これを、主張の力を基盤にした記述法を用いて一般的に表現すると、表2のようになる。

発語内的力	記号表現
宣言	┬（pをGが集団的に信じることを話者Sが欲している）

表2

宣言とその下位クラスである主張的宣言をサールは区別したが、このように宣言を捉えると、この区別は必要ではなくなる。例えば、「アウト」を宣告する審判は、やはり、行われた行為がアウトであることを両チームと観客集団の集合体Gが集団的に信じることを欲している。つまり、サールの「主張的宣言」においても宣言と同じ表2の図式が適用できることが確認できる。

集団的信念を創造する宣言

サールは遂行的発話により制度的事実の一部は製作されると言う〔Searle (1995) chap. 2〕。このような製作が可能なのはなぜだろうか。サールは、これは遂行的発話が構成的規則を生成することによって実現すると言うのだが、私の分析は次の通りである：

(9) 宣言によるG-制度的基礎事実の生成

グループGの中で権威を持つ人Sの「p」という宣言は、Gの構成員にpという信念を生み出す。これは、Sの「p」という宣言が、Gの構成員たちがpということを信じるというS

の欲求の表明に他ならず、また、グループGの中で権威を持つ人とは、そのような宣言により Gの集団的信念を新たに生み出す権限を持つとGの中で思われている人のことに他ならないからである。そして、人々がpという集団的信念を持てば、人々はもともと自分の信念に従って自分の行動決定を行うので、新しい集団的信念は新しい行為と因果作用をもたらすことになる。つまり、この新しい集団的信念は、人々の行為に影響をおよぼすことにより世界を変えるのである。

宣言により、制度的基礎事実のみならず、行動規範のシステムも導入できる。現実の歴史においても、グループGの権威者の宣言やGの中での合意に基づいた共同宣言により、Gについての新しい行動規範のシステムが導入されてきた。行動規範のシステムは、規範的規則と制度的基礎事実の生成の両方を含むのが普通だろう。また、規範的規則も信念としてこの集団に共有されてはじめて成立するのだということを忘れてはならない。

Gにおいて殺人が禁止されているということは、殺人が禁止されていることがG-制度的基礎事実になっていることに他ならない。Gの構成員がGで集団的に承認されている規範を破ることは、Gの存在意義をゆるがすことにつながる。というのも、それは、Gの規範の弱体化やGで集団的に承認されている権威の失墜を意味するからだ。このようなことが続けば、Gの構成員たちの相互の信頼や協力の姿勢は崩れ、Gという集団の存続が危ぶまれることになる。このことが示しているのは、社会の現実性を支えているのは、強固に築かれた一群の集団的信念だということである。

第六章　共同行為とコミュニケーション

私たちの日常生活には、共同行為があふれている。あるプロジェクトに参加して行動すること（例えば、一緒にピクニックに行くこと）、演習やグループ学習をすること、授業を行うこと、これらはすべて共同行為である。また、これらの共同行為は、さらに包括的な共同行為の一部になっている場合もある。この章では、共同行為がどのようなものであり、それがその担い手である集団の構成員の志向的状態や個人的行為とどのように関わっているかを明らかにしていきたい。

1　共同行為の規定と分析

共同行為の規定

社会的行為（social action）には、共同行為や共通行為（co-action）などがあると言われている〔Tuomela（1998）〕。グループGの共通行為とは、Gに属する人が誰も他の人々のことを気にとめず（偶然に）同じ行為を行うことである。共通行為においては、Gの行為を成立させるのにその行為を成り立たせている行為者間に相互作用が存在しない。言いかえれば、共通行為の場合、全体の行為は、個々の行為者の相互作用から生まれたものではない。例えば、雨が降り出し、路上にいた人々が一斉に傘をさすことは共通行為であり、共同行為ではない。共同行為は、全体の行為が個々の行為者の相互作用から生まれたものでなくてはならないからである〔中山（2003b）〕。

（1）　共同行為の規定

(a)「グループGが共同目的Xを実現するために共同でAをする」という言明が真なのは、次の五条件が充たされている場合である：

（A）　Gの構成員たちが互いに信頼しあい、互いに協力的であることが、Gで集団的に信じられている。

（B）Gは、目的Xを集団的に欲している。
（C）Gは、Gの共同行為AがXを惹き起こすと集団的に信じている。
（D）Gの構成員は、誰も特定の自分の行為がAの部分をなすと思っている。
（E）（自分も含めて）どの構成員も各自割り当てられたAの部分となる行為を遂行することを意図しているということがGで集団的に信じられている。

(b)　この時、共同行為は次のように定義できる：
グループGが共同でAをするのは、GがXを実現するために共同でAをするということを充たすような共同目的Xが存在するとき、かつ、そのときに限る。

第四章2節ですでに見たように、個人的行為には目的があり、それが達成されれば、その行為は遂行されたとみなすことができる。例えば、窓を開けるという行為を遂行する人は、窓が開いているという状態を惹き起こすことを目的にしており、この目的が充たされれば、この行為は達成されたとみなされ、彼は満足し、行為は終結する。逆に、最初窓が何らかの理由で開かないときには、行為者は、あらゆる手段を用いて窓を開けようとするか、最初の目的をあきらめ当初の行為遂行を放棄するしかない。このように、個人的行為には、行為の達成条件があり、これが充たされたと確認されると行為者の当初の欲求が満足され、この欲求が消滅する。これと同じことが共同行為にも当てはまるべきである。共同行為も、個人的行為と同様に、このような行為の基本的特徴を充たすべきである。（1）

よう。

の規定は、この条件を充たすように規定されたものである。（1a）の規定をもう少し詳しく見てみよう。

例えば、あなたがグループGの一員として目的Xの達成に向かって共同行為Aを行っているとしよう。まず、（A）の条件により、Gの中で信頼関係が構築されていることが共同行為成立のための前提として設定されている。このことにより、自分の個人的行為を通してGの構成員に影響を与えるための基盤が確保される。次に、（B）にあるように、グループGは目的Xを集団的に欲しているので、自分も含めてGの構成員の誰もが目的Xを望むとともに、他のすべての構成員がXを望んでいるとあなたは思っている。そして、（C）のようにGの共同行為AがXを惹き起こすということがGの集団的信念であれば、その構成員であるあなたはAがXを惹き起こすと思っていることになる。また、（D）の条件から、あなたは、Aを構成する特定の個人的行為Yがあなたの役割だと思っているはずだ。そして、（E）の条件から、あなたはYの実行を意図するとともに、この意図は、Gに属するほかの誰もがXに向かって自分のできるAの部分となる行為をすることを意図しているのだというあなたの信念に依存していることになる。あなたは、Gのグループの一員であり、（1a）の全条件が充たされている場合にはGの全構成員があなたのように自分に割り当てられたAの部分行為を実践しようとするはずである。このように、（1a）の規定が適切であることを確かめることができる。また、あなたは、目的Xが達成されるまで、あなたに課せられた行為の部分を実行し続けるだろう。そして、共同行為Aは、目的X達成の集団的確認により、目的X達成という当初の集団的欲求が充足されることにより終結するのである。また、このとき、Gの全構成員の共同行為Aに関する個人的欲求も充足されることになる。

ここで、二人の合理的行為者CとDによって遂行される共同行為のプロセスについて考えてみよう。共同行為においても、行為遂行は個人的行為と基本的には同じ図式に従って実行されると、私は考える。しかし、ここでは、個人の行為遂行は共同行為の部分となり、また、集団的信念の形成が必要になることが異なっている。

初期の志向的状態 → 意図の形成とその相互理解 → 行為遂行 → 行為の結果 → この結果の集団的確認 → 初期欲求の充足

図1は、この共同行為や二人の集団的志向性とCとDの志向性と行為の因果関係を描写している。

共同行為の分析

ここで、共同行為の簡単な具体例として、(1)の規定を二人の人のペンキ塗りという行為に適用してみよう。

(2)　太郎と花子の二人が自分達の家のペンキ塗りを一緒にするという共同行為の例

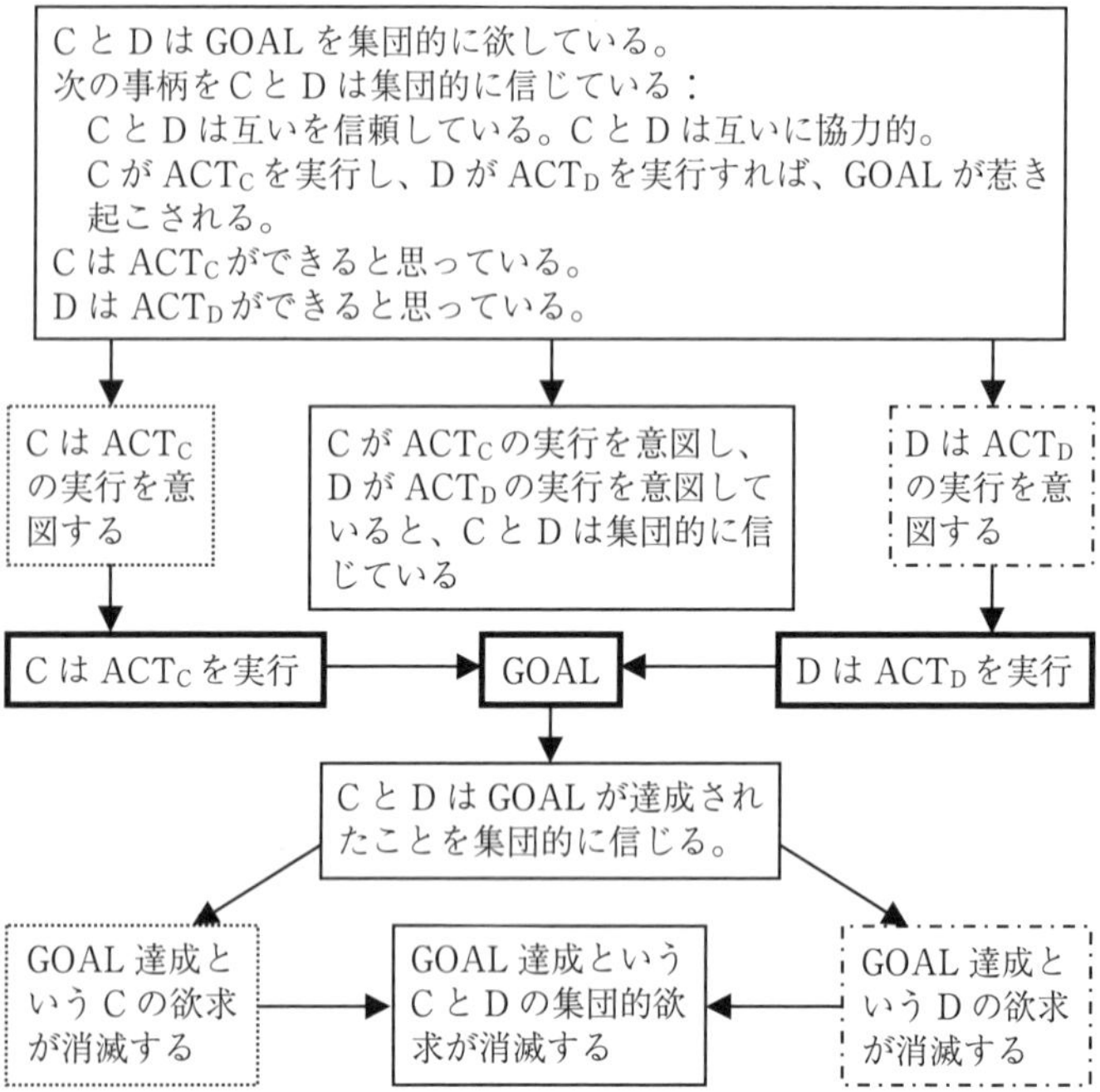
CとDはGOALを集団的に欲している。
次の事柄をCとDは集団的に信じている：
CとDは互いを信頼している。CとDは互いに協力的。
CがACT_Cを実行し、DがACT_Dを実行すれば、GOALが惹き起こされる。
CはACT_Cができると思っている。
DはACT_Dができると思っている。
CはACT_Cの実行を意図する
CがACT_Cの実行を意図し、DがACT_Dの実行を意図していると、CとDは集団的に信じている
DはACT_Dの実行を意図する
CはACT_Cを実行
GOAL
DはACT_Dを実行
CとDはGOALが達成されたことを集団的に信じる。
GOAL達成というCの欲求が消滅する
GOAL達成というCとDの集団的欲求が消滅する
GOAL達成というDの欲求が消滅する

図1　二人の合理的行為者による単純共同行為の図式

次の記号と対応を用いる：

A太郎：　この家の南側と東側の外壁のペンキを塗ること。

A花子：　この家の北側と西側の外壁のペンキを塗ること。

目的X：　この家のペンキが新しく塗られること。

共同行為A：　二人がこの家のペンキを塗ること。

規定（1）で表現された五条

件は、この例の場合、次のようになる：

(a)　太郎と花子は、お互いに信頼しあい、協力的であると互いに思っている。
(b)　二人とも家のペンキが新しく塗られることを望んでいるし、お互いにそのことを知っている。
(c)　二人とも、自分たちが家のペンキを塗れば家のペンキは新しく塗られると思っているし、お互いにそのことを知っている。
(d)　太郎は、$A_{太郎}$が共同行為Aの部分だと思っている。また、花子は、$A_{花子}$が共同行為Aの部分だと思っている。
(e)　二人とも、それぞれの分担だと理解している行為遂行を意図していると互いに思っている。

ここで、図1との対応は次のようになっている：

C＝太郎、D＝花子、ACT_C＝$A_{太郎}$、ACT_D＝$A_{花子}$、GOAL＝この家のペンキが新しく塗られること。

このような条件が成り立てば、ペンキ塗りの共同行為は遂行されるだろう。共同行為の規定については、すでに微細に異なる様々な提案がすでに存在する〔Holmström-Hintikka et al. (1997)〕。私の(1)における提案は、共同行為の達成条件と信頼関係の相互承認を重視したものになっている。また、この規定を核にして、これを強めたり弱めたりすることにより様々な社会的行為を規定できるだろう。

2　コミュニケーションの相互作用モデル

コミュニケーションとは何であり、言語的コミュニケーションとは何であるのか？　この節では、従来のコードモデルと推論モデルに代わって、コミュニケーションの相互作用モデルを提案する。相互作用モデルは、発話のダイナミズムを行為連関全体の文脈の中で分析することができるモデルである。共同行為としてのコミュニケーションは、相互作用モデルのうちの共同性の高いタイプのものとして理解することができる。

コミュニケーションのコードモデルと推論モデル

関連性理論（relevance theory）を提案したスペルベルとウイルソンは、コミュニケーションを説明するモデルとして、コードモデルと推論モデルを区別した〔Sperber and Wilson（1986）〕。コードモデルによれば、メッセージが信号へとコード化されて発信され、受信者は受け取られた信号をコード解読することによりメッセージを読み取ることができる。しかし、通常の人々の会話をこのコードモデルだけにより説明することには限界がある。その原因の一つは、人々が発話を理解するために発信された信号以外の知識をも利用することにある。そこで、グライスやルイス（D. Lewis, 1941-2002）により、コミュニケーションの推論モデルが提案された。推論モデルによれば、コミュニケーションは伝達者が発話意図の証拠を提示し、聞き手がその証拠から伝達者の意図を推論することによって達成される。この推論モデルを用いることにより、発話の文脈依存的解釈がかなりの程度可能になる。

スペルベルとウィルソンは、コミュニケーションの説明全般には両方のモデルが必要になると言う。また、コミュニケーションの説明にあたって、彼らは、グライスが提案した会話の四原則のうちの関連性の原則のみが根本的な役割を果たすと主張する。ここで、関連性の原則というのは、「すべての意図明示的伝達行為はその行為自体の最適な関連性の見込みを伝達する」〔邦訳 p. 192〕というものである。スペルベルとウィルソンによるコミュニケーションの理論は、関連性の原則を重視するため、「関連性理論」と呼ばれている。

コミュニケーションの相互作用モデル（A－A、A－B、B－Bの三タイプ）

コミュニケーションは複数の行為者の間で行われる。このコミュニケーションの双方向的特性が推論モデルでは十分に捉えきれていない。また、多くの場合、コミュニケーション自身が目的ではなく、何か他のことをなすためにコミュニケーションはなされる。そのようなことをなす者として、コミュニケーションの参加者は行為者でなければならない。

また、グライスの語用論においても関連性理論においても、コミュニケーションの参加者たちによる共同行為という側面が十分に考慮されていない。そして、一連の発話により達成される依頼を扱うことや、共同作業において互いの意図を確認しながら遂行される共同行為の一部をなすものとしての複数の発話などの複合的な現象を扱うことが、これらの理論では困難である。それというのも、集団的志向性の観点が関連性理論では十分捉えられていないからである。

第一章で述べたエージェントモデルAと行為者モデルBを用いると、これらの行為者の間には、A－A、A－B、B－Bという二者間のコミュニケーションの形態があることがわかる。これらを少し詳しく見てみよう。

（3）　A－A間のコミュニケーション〔図2〕

コミュニケーションの参加者がともにエージェントモデルAに属するとき、両者の間のコミュニケーションは強い相互作用の関係に立つことにより成立する。行為者にとり、自らの身体行動や他者の身体行動は環境の一部を構成している。特に、他者の身体行動やその因果的効力が自らの身体行動への制約をもたらすとき、他者の身体行動を環境要因として重視する必要が出てくる。また、自らの行動を強く制約できるようなクラスの行為者を識別することは、進化論的に考えて自らの生存に有利に働く。例えば、ある肉食動物とその餌となるような動物の間には強い関係が成立する。肉食動物は、弱小動物の行動を強く制約する。捕獲のプロセスにおいて、両者の行動は相互に両者の内部状態に影響を与え、次の行動の大きな決定要素として作用する。このような場合、両者の内部状態は、両者の身体行動をとおして間接的に相互作用の関係にあると言ってよいだろう。

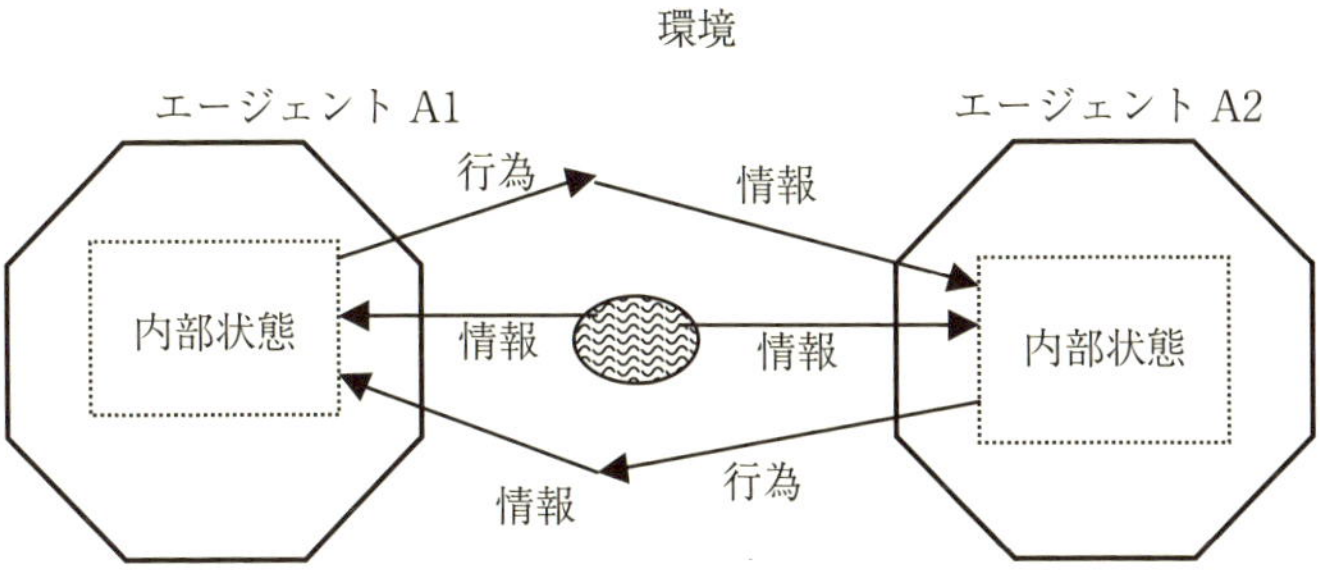

図2　A－A間のコミュニケーション

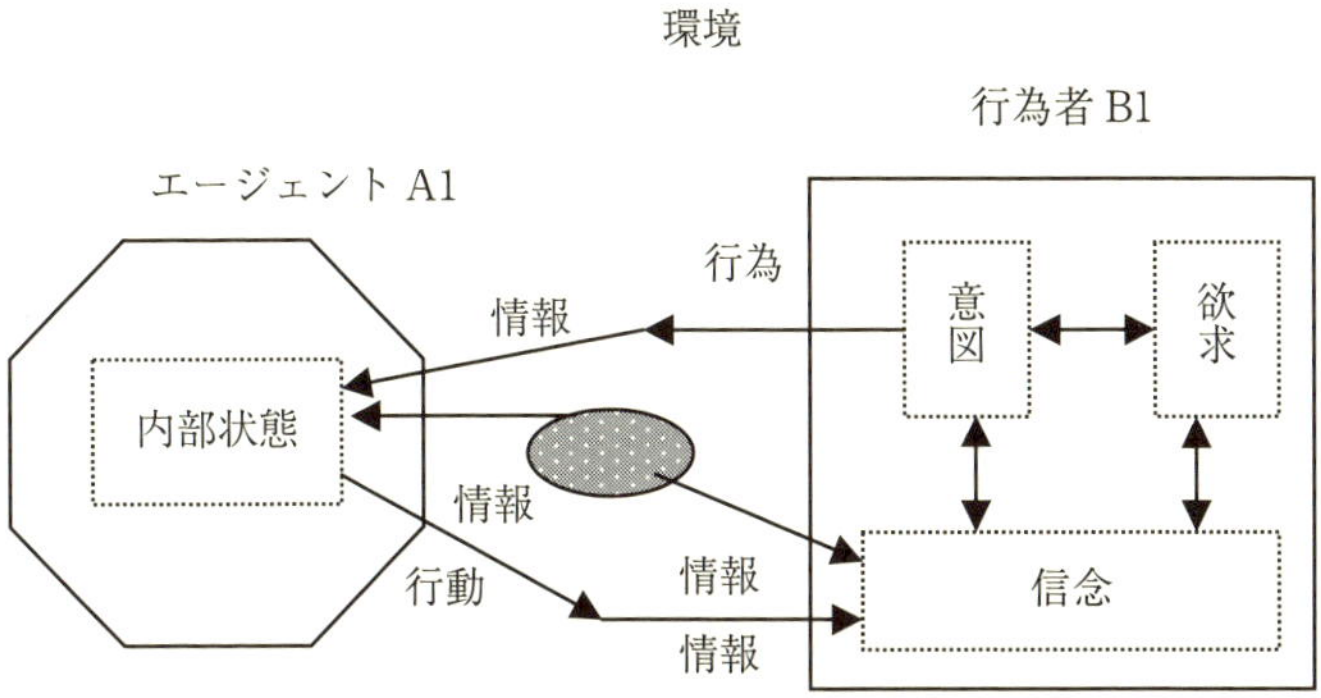

図3　A－B間のコミュニケーション

（4）　A－B間のコミュニケーション〔図3〕

このタイプのコミュニケーションの典型的なものには、乳児とその母親との関係やペットとその飼い主との関係がある。つまり、ここには、第一次の志向システムとしてのエージェントAと高次の志向システムである行為者Bの間でのコミュニケーションが関係している。行為者タイプBの者は、エージェントタイプAの者に対して態度帰属を行うが、その逆は成り立たない。しかし、ここでも、A－A間のコミュニケーションで述べたような両者の内部状態の相互作用が存在する。BはAの行動を手がかりにAに対する態度帰属を行い、この態度帰属はBの行動に影響を与える。また、Bの行動による恩恵や影響をAはこうむり、これに反応する。[1]

(5) B－B間のコミュニケーション〔図4〕

言語的コミュニケーションは、基本的にB－B間のコミュニケーションである。両者は、相手が何を意図して行動しているのかを重視する。これは、単なる行為に関しても発話に関しても同様に成り立つ。他者への意図帰属により、他者の未来の行動に対する大まかな指標をえることができる。このような志向的戦略は、多くの場面で有効であるため、日常生活において多用されている。また、態度帰属は、素朴心理学の実践の中心をなすものであり、心の理論に従って行われる。

A－A間やA－B間のコミュニケーションと同様、B－B間のコミュニケーションでも両者の相互作用関係が成り立つ。すなわち、B－B間のコミュニケーションを実行する行為者たちの心的状態は、彼らの身体行動と態度帰属をとおして間接的に相互作用の関係にある。ここでは、「心が触れあったり」、「理解しあったり」、「愛しあう」と呼ばれる相互作用の状態が成立することになる。

また、行為者間のコミュニケーションでも、感情や身振りの中には、目的を伴わず、自然に発生してしまったものもある。その意味で、B－B間のコミュニケーションでは、A－BタイプやA－Aタイプのコミュニケーションの要素も複合的に盛り込まれていると考えた方が適切である。

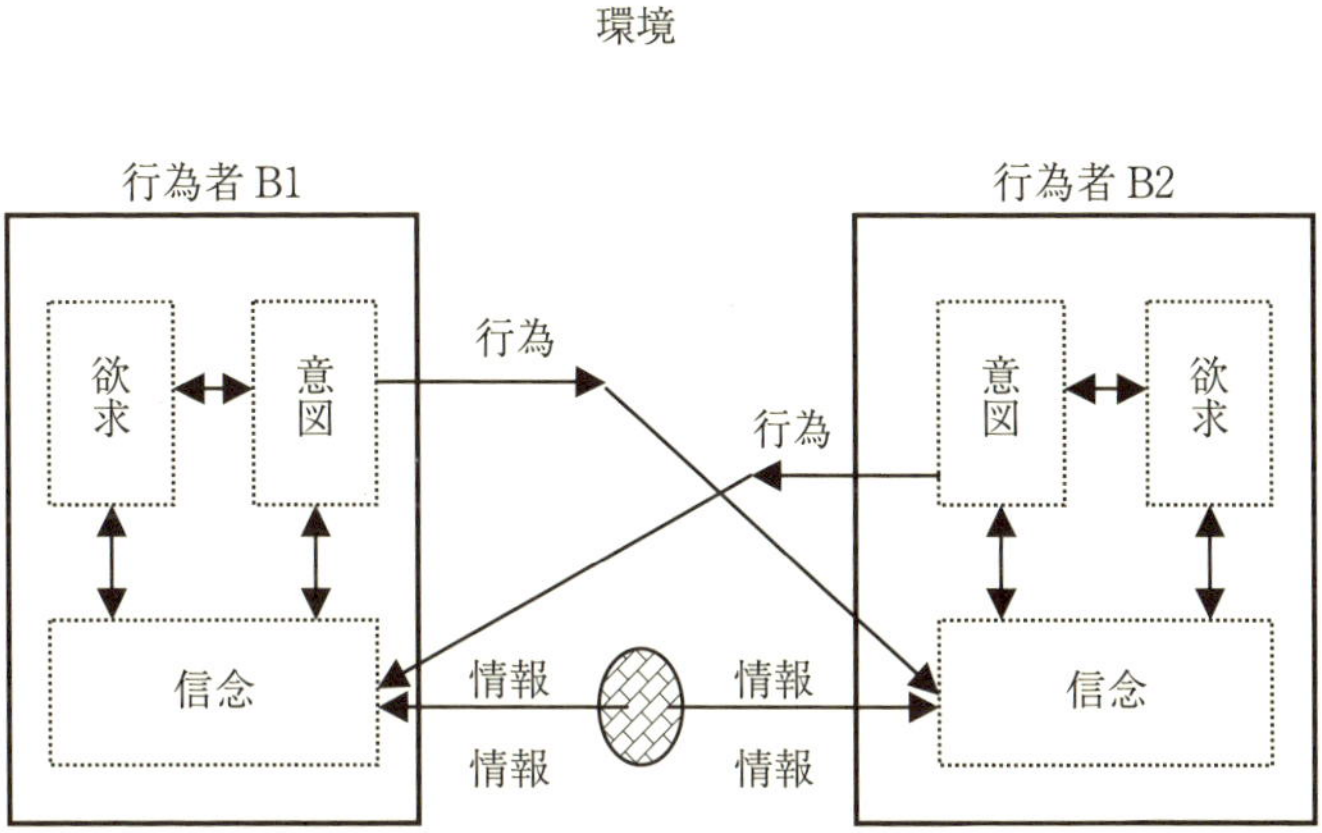

図4　B－B間のコミュニケーション

（6）　共同行為としてのコミュニケーション

意図的に共同行為を遂行できるのもBタイプの行為者の特徴である。彼らは、同じ目的を持っていることの相互信念を持つことができる。B－B間のコミュニケーション〔図4〕では、個人的志向性だけが表され、行為の共同的側面が欠けている。しかし、多くの場合、会話は、共同の目的に従って進行する共同行為の一部として機能している。この行為の共同性を3節と4節で詳しく見ていくことにする。

3　言語ゲームの解明

言語ゲームと共同行為

「言語ゲーム」とは何なのか？　それは、言語を用いたゲームのようなもので、私たちが日常で実際に行っている言語使用を描写するために、後期ヴィトゲンシュタインが、『哲学探究』で導入した哲学用語である。後期ヴィトゲンシュタインは、私たちが日常使用する言葉の意味の多くは、定義できないと考えている。私たちは、普通、例を用いたりして言葉の使用を学ぶのである。「言語ゲーム」という概念も、ヴィトゲンシュタインは、定義ではなく、例や比喩を用いて説明している。次の例は、(原初的) 言語ゲームの例として、ヴィトゲンシュタインが『哲学探究』第2節で用いているものを修正したものである〔Wittgenstein (1953)〕:

建築家は、建築物を建てるための基礎へと行く。そして、彼は、助手に「台石!」と叫ぶ。すると、助手は、台石を持っていく。建築家は、これを基礎へと置く。その後、彼は、「柱石!」と叫ぶ。今度は、助手は建築家に柱石を手渡す。建築家は、それを台石の上に置く。これで、計画された単純な建造物は完成し、共同行為は終了する。

この記述を発話を含んだ行為連鎖として描くことができる。

表1　共同行為としての単純建造物の建築の行為図式

共同行為の発展段階	行為と状態の記述
第0段階	建築家は、建築物が完成することを欲している。また、建築家は、助手が自分を信頼しており、自分に対して協力的だと思っている。そして、建築家は、この共同行為に関わる因果関係についての信念を持っている。
第1段階	建築家が助手に「台石！」と叫ぶことにより、助手に台石を持ってこさせる。
第2段階	建築家が台石を基礎の上に置くことを意図し、これを実行する。
第3段階	建築家が助手に「柱石！」と叫ぶことにより、助手に柱石を持ってこさせる。
第4段階	建築家が柱石を台石の上に置くことを意図し、これを実行する。
第4段階の結果	第4段階の行為の結果、建造物が完成する。

第1段階と第3段階における発話は、指令型の発話となっている。第4章の図3に表されているように、聞き手である助手が話者である建築家を信頼するとともに協力的であれば、建築家は「X！」という指令型の発話によりXを助手に持ってこさせるという企てに成功する。第1段階の成功は、第2段階の建築家の行為の前提条件を用意し、第2段階の行為遂行を建築家に可能にさせる。これは、第3段階と第4段階の関係についても成り立つ。そして、第4段階の結果、建築物が完成し、建築家の初期欲求が充たされ、この欲求の充足を目的としていた建築家と助手の一連の行為連鎖が終わるの

である。この行為連鎖では、建築家だけが統合的目標を持っており、助手は建築家を信頼し協力的でありさえすれば、全体の行為は成功するという特徴を持っている。つまり、この行為連鎖は、一方向的関係により支配され、共同性の程度が低いと言える。この章の第1節で定義した共同行為は、このケースよりも共同性の程度が高いものを扱っているのである。

また、この行為連鎖がチェスのような通常のゲームと共通する特徴を持っていることも確かめることができる。チェスの場合も建築の例の場合も、終了条件が明確に設定されている。チェスの場合、一方が他方のキングを詰ませればゲームは終了するが、建築の場合、設計どおりに家が建てられれば建築は終了する。そして、チェスの一手がゲームの状態変化をもたらすように、建築家の発話や身体行為は、チェスの一手のように、建築家の作業の状態を変えていく。これに対し、チェスと建築の違いの一つは、チェスの場合には、勝者と敗者があるが、建築には、勝敗がないことである。

言語ゲームの視点が言語行為論と異なるところは、発話が全体のゲームの一部として描かれているところにある。また、この全体のゲームの中には、発話ばかりでなく、一般の行為も現れ、それらが互いに関係しあっている。(2)

言語ゲームとパターン化した行動

トゥオメラは、集団的行為においてパターン化した行動が果たす役割を認めている〔Tuomela (2002) pp. 55-64〕。朝起きると、何の考えもなく会社へと向かい、会社が終わると決まったように行きつけの居酒屋へと出かける人々がいる。その場合、彼らは、必ずしも、何かを決断しているわけではなく、そうすることが習慣化してしまったという場合もあるだろう。このような習慣化した行動を、トゥオメラは、「パターン化した行動（pattern-governed behavior）」と呼んでいる。

言語ゲームを構成する一部の活動がパターン化した行動であっても、言語ゲームは機能する場合がある。例えば、建築家と助手の例では、助手は、建築家が何を欲しているかなどと考えずに、単に、「台石！」という声を聞いたときには、建築家に台石を持っていくように反応すれば、先の言語ゲームはうまく機能する。また、助手の代わりに、よく訓練された犬が飼い主の言葉やしぐさに反応しても同様なことは、成り立つ。そして、社会的活動の一部は、このようなパターン化した行動により支えられていると思われる。しかし、活動がさらに複雑化したり、ある目的を達成するための戦略を共同して考え出そうとしたりするとき、複数の他者に態度を帰属することが必要になってくる。

4　共同行為としてのコミュニケーション

会話は、二重の意味で、共同行為である。まず、標準的会話そのものが共通の目的を持ってなされているという意味で、会話は共同行為である。[3] さらに、会話は、しばしば、共同行為遂行の前提となる集団的欲求の形成や集団的信念の形成のために行われる。この場合、会話は、より包括的な共同行為のための部分を構成する共同行為となっている。

共同行為遂行の前提としての集団的信念の形成

ここで、二つの例を用いて、志向的状態と行為の相互作用を説明したい。最初の例は、すでに第1節でも扱った単純な共同行為の典型的なものである。ただし、今回は、会話による合意形成の過程も含めて分析することにする：

花子と雅夫は、彼らの家に一緒にペンキを塗ろうとしている。彼らの作業を分担するため、花子が雅夫に言う：「私は家の西側と北側にペンキを塗るつもりよ。あなた東側と南側にペンキを塗ってくれる？」これに、雅夫は、「わかった」と答える。花子は家の西側と北側にペンキを塗り、雅夫は東側と南側にペンキを塗る。二日後、二人はペンキを塗り終える。

ここで、第四章の表5の発話の分類を適用すると、図5の発展段階2において、花子は、行為拘束型の発話と指令型の発話を遂行していることになる。つまり、花子は、この発話により、自分が家の西側と北側にペンキを塗る意図していることを主張し、雅夫が東側と南側にペンキを塗ることを自分が欲していることを主張している。そして、段階3での、雅夫の「わかった」という発話は、花子の発言を雅夫が理解したことを主張するとともに、自分が花子に対し協力的であることを主張している。この結果、仕事の分担に関する二人の合意が段階4で形成される。この後は、本章の図1の図式に従って、共同行為が遂行されることになる。(4)

発話の連鎖としての会話

会話する人々の志向的状態はコミュニケーションの中で、そして、行為の確認の中で変化していく。ここでは、双方向の日常的会話における参加者間の心の動きと行為の相互作用を描写することにする。次の例では、本を取ってもらうことの依頼という全体的会話の意図が、取ってもらいたいと話者が思っている本の同定ということをテーマにした会話によって支えられている。

発展段階	花子の行為	共同の状態	雅夫の行為
1		花子と雅夫は、彼らの家に一緒にペンキを塗ろうとしている。	
2	花子が雅夫に言う：「私は家の西側と北側にペンキを塗るつもりよ。あなた東側と南側にペンキを塗ってくれる？」		雅夫は、花子の発言を聞いている。
3	花子は、雅夫の発言を聞いている。		雅夫は、「わかった」と言う。
4		作業の分担に関する花子と雅夫の集団的信念の形成	
5	花子は家の西側と北側にペンキを塗る。		雅夫は東側と南側にペンキを塗る。
6		二人の家にペンキが塗られている。	

図5　家にペンキを塗るという共同行為の行為図式

（7）会話の例

龍：「机の上にある赤い本取ってくれる？」

勇：「『環境倫理学』っていう本のこと？」

龍：「そうじゃないよ。確か、『意味論入門』っていう題の本。」

勇：「ああ、その本あるけど、それ、黄色だよ。」

龍：「そうだっけ。じゃ、その

<table>
<tr><th>発展
段階</th><th>龍の
志向的状態</th><th>行為</th><th>勇の
志向的状態</th></tr>
<tr><td>1</td><td colspan="2">龍は『意味論入門』を勇に取ってきてもらいたい。</td><td></td></tr>
<tr><td>2</td><td colspan="3">龍の発話：「机の上にある赤い本取ってくれる？」</td></tr>
<tr><td>3</td><td></td><td colspan="2">勇は龍の欲求を理解する。また、自らの観察から、問題の本は『環境倫理学』という題を持つと思い、このことを確かめたいと思う。</td></tr>
<tr><td>4</td><td colspan="3">勇の発話：「『環境倫理学』っていう本のこと？」</td></tr>
<tr><td>5</td><td colspan="2">龍は、問題の本は「環境倫理学」という題を持つと勇が思っていることを知る。</td><td></td></tr>
<tr><td>6</td><td colspan="3">龍の発話：「そうじゃないよ。確か、『意味論入門』っていう題の本。」</td></tr>
<tr><td>7</td><td></td><td colspan="2">龍の指摘により、問題の本について勇は別の候補を考え、これが龍の望む本なのかどうかを知りたいと思う。</td></tr>
<tr><td>8</td><td colspan="3">勇の発話：「ああ、その本あるけど、それ、黄色だよ。」</td></tr>
<tr><td>9</td><td colspan="2">勇の指摘により、問題の本の色についての龍の信念が改訂される。</td><td></td></tr>
<tr><td>10</td><td colspan="3">龍の発話：「そうだっけ。じゃ、その黄色のやつ。」</td></tr>
<tr><td>11</td><td></td><td colspan="2">勇は龍の欲求を充たすよう自分の意図を形成する。</td></tr>
<tr><td>12</td><td colspan="3">勇が龍のところに『意味論入門』という題のついた本を持っていく。</td></tr>
<tr><td>13</td><td colspan="2">勇の行為により龍の最初の欲求は充足され、この行為連鎖は完結する。</td><td></td></tr>
</table>

図 6　(7) の会話の分析

黄色のやつ。」

勇が龍のところに『意味論入門』という題のついた本を持っていく。

この例に見られるように、実際の会話では、複数の発話により一つのまとまった言語行為が遂行される場合がほとんどである〔Geis (1995)〕。多くの発話は、先行する文脈に依存すると同時に、先の文脈と融合して次の発話や行為を適切に解釈するための新しい前提を生み出す。発話と行為の解釈は、このような動的なものとしてとらえられるべきであり、そして、このような動的解釈を支えるのは、話者と聞き手の間の信念の共有なのである。(7) の会話の例における龍と勇の志向的状態と行為の相互作用関係は、図6のように記述できる。

この会話の中で龍と勇の間で共有される信念は増加していく。また、勇が持っていった本と龍が欲していた本とが同一であることは、龍の当初の欲求が充足されることで確かめることができる。(5)

Ⅳ　社会組織成立の基盤と認識の歴史性

この第Ⅳ部では、これまでの議論を踏まえて、社会組織（social organization）はどのように成立し続けることができるのかという問題を論じ、認識が歴史的であることを示す。これまでの議論で、私たちは、個人の心から共同性への道をたどってきた。ここでは、社会へ向かっての最後の一歩を踏み出すことにする。そして、この社会へ向かっての一歩は、同時に、歴史へ向かっての一歩に他ならない。第八章では、人間存在の歴史性と社会性が明らかにされる。こうして、私たちは、第一章で描写した個人の心と行為が、実は、すでに、歴史性と社会性を伴ったものであったことに気づくのである。

第七章　社会組織と社会的現実性

一九八九年十一月九日夜にベルリンの壁が崩れたとき、当時西ベルリンで生活していた私は、翌日のニュースでこのことを知った。一九八九年九月以降、ハンガリー経由の越境が事実上黙認されて以来、人々の自由な出国への欲求が高まり、東ドイツ政府は、十一月九日に、東ドイツ国民の自由な出国を認めたのである。その後、一九九〇年十月三日のドイツ統一に至るまで、日々、ドイツ民主共和国（東ドイツ）という国家の解体が進んでいった。ドイツ社会主義統一党（ＳＥＤ）は、この約一年の間に、一九四九年以来維持してきた権力の座から一歩一歩退いていった。人々が、国家の権力構造を否認し始め、このことが人々に自覚的に共有されるとき、国家は崩壊の危機に瀕する。国家が社会的現実であり続けるためには、その国家に属する人々が、国家の確固とした存在を信じ、これに従い行動を続けねばならない。本章では、国家のような社会組織の成立・存続のための条件を考え、これが、いかに人々の集団的志向性と関係しているかを明らかにすることを試みたい。

1　社会組織とは何か

家族、学校、会社、自治体、国家などは、どれも、社会組織である。議論の出発点として、私の社会組織の規定を提案しておきたい。この規定には、いくつかの問題点があるかもしれないが、私が「社会組織」をどのようなものと考えているかは、少なくとも、明確にすることができるはずである。

社会組織と自己存続の自己目的化

私の考えでは、ある集団を「社会組織」と呼ぶためには、少なくとも、次の五つの条件を充たしていないといけない：

（1）集団Gが社会組織であるための必要条件

(a) 集団Gは、高次の志向システムを構成員とする。

(b) 集団Gは、構造を持つ。

(c) 集団GはGが存在すると集団的に信じており、構成員の誰もが自分がGの構成員であることを自覚している。

(d)　集団Gの構造は少なくとも一定期間維持され、変化しても連続性をもって変化する。
(e)　集団Gの存続が自己目的化している。

この規定に従えば、社会組織は、構造を（ある程度）保ちながら存続する集団の一種である。このことは、特に、(b)と(d)の条件により表現されている。ここで重要なのは、社会組織の場合、構造さえ保たれていれば、その構成員は代わってもよいということである。例えば、ある高校を考えてみよう。高校では、毎年、三月末になると三年生が卒業し、四月初めになると新しい一年生が入学してくる。この卒業と入学という過程をとおして、高校という組織は、長期間、ほぼ同じ構造を保ちながら存続し続けることができる。ここで、高校という組織の連続性を支えているのは、この高校が持つ構造の時間経過を超えた連続性である。校長がおり、教師がおり、事務職員がおり、一年生、二年生、三年生がいるという組織の構造は、この高校が発足したときから、ずっと維持されてきたはずである。また、構成員の入れ替えも、一挙にではなく、異なる時期に徐々に行われ、どの時間帯においても、以前の時間帯における全構成員とそれに続く時間帯での全構成員は、いつも重なりを保ちながら入れ替わってきたはずである。

(a)の条件は、(c)が成り立つためには、当然、必要になる。これは、第五章の規定にあるように、集団的信念は、構成員たちの入れ子になった信念により形成されるからである。また、(c)は、社会組織Gの存在自身がG-制度的基礎事実となることを要請している。これが社会組織Gにとってのもっとも基本的なG－制度的基礎事実と言えよう。

社会組織は、何を目的として成立しているのだろうか？　一般的に言えば、社会組織は、そこに属する個人の生存を支えるものとして存続していると言えるだろう。しかし、個人は、現在属している社会組織を離れ、別の社会組織へと所属を変えることもできる。それでも、個人は、生き延びるために、普通、何らかの社会組織に属さなければならないだろう。一旦形成された社会組織においては、(e)にあるように、その存続は自己目的化すると考えられる。

集団Gが共同行為Xを遂行するとき、ある目的がGにおいて集団的に欲せられているが、このような集団Gは社会組織である必要はない。集団Gが社会組織となるためには、そこに属する個人の間に役割などが分担され、一定期間保たれる構造が形成されねばならない。そして、そのような構造化した全体を維持していくことが集団Gの目的とならなければならない。これが、(e)で述べられている集団の自己存続の自己目的化である。個人は、もともとはバラバラなのだから、集団の存続を自己目的化しなければ、集団は一つの組織体として存続できず、すぐに消滅してしまう。だから、自己存続の自己目的化を集団的欲求として固定できた集団しか、長期間にわたって自己存続することはできない。

ここで、社会組織の例として、ある町工場がどのように構造化され、どのように自己存続が実現されているかを考えてみよう：

(2)　社会組織としての町工場

社長一人、事務員一人、従業員五人。町工場存続のために彼らがしていること：
社長の行為：仕事の注文を探す。製品の価格の交渉。生産と設備の計画。
事務員の行為：注文や配達の管理。一般会計。
従業員の行為：生産計画に従って勤務時間の間製品を生産する。
七人のこれらの行動は、町工場の存続を可能にするよう作用している。何か緊急の問題が起これば、構成員の誰もが町工場存続が可能になるよう自分の権限の範囲でその問題を解決しようと行動を起こすだろう。また、構成員の誰かが自らの仕事を放棄すれば、町工場の存続は危うくなる。

この町工場が、(1) の条件すべてを充たしていることは容易に確かめられる。まず、この町工場は、大人七人から成っており (条件 (1a))、彼らは、この町工場が存在することも、自分がその社員であることも知っている (条件 (1c))。社長、事務員、従業員という役割分担は、これまで存続してきた町工場の構造を表している (条件 (1b)、(1d))。そして、それぞれの課題を持って働いている社長や社員は、町工場の存続を願うがために、効率よい作業処理をこれまで心がけてきたのである。この意味で、町工場存続は、(社長も含めた) 社員全員の共有の目的であり、この目的の共有は、社員全員により共有されている (条件 (1e))。

集団が存続できるためには、そのための有効な戦略が集団の (少なくとも一部の) 構成員に知られており、そして、その戦略が構成員により適切に実行されることが必要になってくる。また、町工場の例に見るように、共同行為は、人々に異なった形で分配されることが多い。それは、集団の存続を維持するために有効な共同行為の分配が、多くの場合、そのような異なった行為や労働の分配を要求するからである。このような行為の分配としての役割の分担は、集団内の相互承認により安定化する。

社会組織と生物体の比較

すでに論じたように、自己存続の自己目的化は「社会組織」という概念の中心的特徴である。この「自己存続」という特性が生物体の根本的特性であることを、私は『時間論の構築』で主張した〔中山（2003a）第九章2節〕。生物体も多数の細胞から成り、これらの細胞間の相互作用が、それらが含まれている生物体全体を自己存続させるよう機能している限りにおいて、これらの細胞自身が自己存続できるのである。この部分と全体の相互依存関係は、社会組織とその構成員である個人たちとの相互依存関係と共通する面を持っている。ここでは、社会組織と生物体の類似点と相違点を描くことで、社会組織の特徴を明確化したい。

生物体に対する細胞の帰属関係は一意的であり、細胞の生物体に対する依存関係は絶対的である。例えば、ある猫の構成要素である細胞は、その猫だけに属するのであり、同時に、他の生物体の構成要素であることはできない。また、その猫の細胞は、体外に取り出されると、普通、死んでしまう。これに対し、社会組織とその構成員である個人との帰属関係は一意的でなく、依存関係も絶対的ではない。例えば、中小企業Aの社員であるB氏は、家へ帰れば、妻一人と子供二人からなる家族の構成員であり、その地域の自治会の構成員でもある。つまり、B氏は、同時に、少なくとも三つの異なる社会組織の構成員になっている。さらに、B氏は、C市の市民として住民税を払い、日本国民の一人として所得税を払ってきた。このように一人の個人は、同時に、多くの社会組織に属しており、一つの社会組織から除外されても、他の社会組織には属し続けているため、大抵、生き延びることができる。例えば、日本国民でもあるB氏がA社からリストラされても、しばらくの間は、国から失業給付の基本手当を受け取りながら新しい職場を探すことができるし、B氏の妻が働いて家事をB氏が引き受けることも可能である。つまり、個人の社会組織に対する依存関係は、生物体に比べてずっと弱いものである。言い換えれば、個人は、自分が属する社会組織に対して、依存しつつもかなり自立した関係を保つことが多くの場合可能である。

また、社会組織の場合には、社会組織間に階層構造が多くの場合成り立っており、この場合の依存関係も生物体よりも弱い場合が多い。例えば、ある猫の肝臓は、普通、その猫の生存に完全に依存しており、その猫が死ぬとき、この肝臓も活動を停止する。これに対し、B氏の家族は、日本でなくても、海外でも家族としての統一性を保って活動することが可能である。例えば、B氏がマニラに支社を持つ日本企業に再就職し、マニラに家族全員とともに引越しすることもありうるが、このとき、B氏の家族の統一性は、保たれ続けている。

社会組織と成文化された社会規定

法律や学則のような成文化された規定とそのような法体系のもとで生きる人間とはどのような関係にあるのか？　サールは、チェスのようなゲームが構成的規則と統制的規則からなると考えたが、この考えは、成文化された社会規定一般にも適用することができる。チェス盤のマスの数やチェスの駒にどのような動きが許されているかを決めているのは、構成的規則である。そして、この構成的規則を前提に、制限時間はどれくらいなのかなどという統制的規則を決めることができる。法律や学則なども、基本的に構成的規則と統制的規則とからなると考えてもよい。ただし、多くの成文化された社会的規定は、どのように新しい社会規定を生み出すことができるのかというメタ規則を含んでいる。つまり、多くの社会規定では、ゲームの規則自身をメタ規則に従って変えることが許されている。例えば、現在の日本では、国会での過半数の賛成により、従来の法律に代わる新しい法律を定めることができる。日本の法律は、日本人によりそれが成り立つことを（間接的に）集団的に承認されており、そのため、この法律は、日本において有効性を持っている。しかし、法律の専門家でない限り、日本の法律にどんなものがあるか、一般の人々は正確には知っていない。それでも、法律についての知の分業が日本で成り立っていれば、法律専門家集団Gの権威を日本国民が集団的に信じることにより、日本の法律についての日本国民の集団的信念は、間接的に確立される。

国家は、社会組織の典型的な例である。国家は、自己存続を自己目的化しており、それを可能にするよう構造化されている。例えば、日本の場合、法律を制定する国会や、法律に違反する者を逮捕する警察や、法律に従って違反者を処罰する裁判所や、政治を執行する政府などがある。国家の自己存続を可能にするための機構として、警察や裁判所は不可欠なものと考えられる。警察や裁判所が機能しなくなった国家では、有効とみなされるべき制度についての集団的信念が崩れかけており、存続の危機に立たされている。そのような国家は、事実上の無政府・無法状態にあり、何をしても罰せられることがなく、人々はやりたい放題のことを企てると思われる。

独裁国家においても、その国家が保たれている間は、その国民は、独裁者が権限を持ち、彼の意志に従って警察や軍隊や官僚が行動することを集団的に信じている。この集団的信念を支えているのは、国民の集団的欲求ではなく、独裁者が現在持っている権力への恐れである。そして、独裁者の権限についての集団的信念が崩れれば、独裁国家は瓦解する。この場合、（1c）の条件が充たされなくなる。

生物体のように、国家のような社会組織においても、組織の自己存続とその構成員である個人の自己存続の間に依存関係が成立すると考えることができる。だから、あまりにも多大な個々人の犠牲を強いるような独裁国家は、長期間にわたって存続できないだろう。

会社などの経済活動に関わる社会組織でも、同様なことが考えられる。会社の自己存続と社員の自己存続は、依存関係にある。そして、会社の究極の目的は、必ずしも利潤追求ではなく、むしろ、自己存続にある。利潤追求は、会社の自己存続という目的達成のために取りうる手段の一つにすぎない。リストラや経営縮小も、会社の自己存続のためにときには有効な手段なのである。

2　社会組織における合意形成の手続き

社会組織における合意形成

社会組織における役割分担や課題の分担や権威の確立は、どのように実現されるのか？　これは、ある特定の個人の意見を社会組織全体での集団的信念とするためには、何をしたらよいのかという手続き上の問題である。多くの社会組織において、合意形成は制度化されている。例えば、民主主義の原則を認めた多くの社会組織では、代議制が取り入れられ、議会での過半数の賛成により、新しい規律を導入することができる。日本では、衆議院で過半数の賛成を得た法案は、衆議院全体により承認されたとみなされ、これがさらに参議院により承認されれば、日本国民全体により承認されたとみなされ、効力を発揮する。

承認は、集団的信念よりも制度性が強い。つまり、ある集団Gで承認が成り立つための基盤は、究極的には、どんな手続きに従った場合にGにおける承認が成り立つのかということについての集団的信念の存在にある。そして、承認の正当性は、すでに承認された手続きに準拠していることにより保証されることになる。

(3)　G-承認についての規定

(a)　G－承認されたことは、G－制度的基礎事実となる。
(b)　ある主張がG－承認されるための手続きの少なくとも一つについてのG－集団的信念が存在する。
(c)　すでにG－承認されている手続きに従ってXについての合意形成がGの中でなされたとき、XはG－承認される。

G－承認は、実際のGの信念状態そのものではなく、手続きの正当性により保証される。このため、G－承認を下位の組織に委任することについての手続きの正当性さえG－承認しておけば、G－承認は下位の組織に委任することができる。例えば、G_2がG_1の下位組織のとき、「G_2－承認は、すべてG_1－承認である」という主張をG_1－承認することにより、G_2－承認をそのままG_1－承認することができる。代議制は、このような手続きの承認により正当化される。例えば、国会－承認は、日本－承認となる。

集団における合意形成にはさまざまなものがある。代表的なものを、次にあげてみる：

（4）　合意形成の諸形式とG－承認

(a)　全員一致による合意形成：XがG－集団的信念になったとき、XはG－承認される。
(b)　過半数の賛同による合意形成：XについてGの過半数の賛成が得られたことがG－集団的信念

(c)　議長の判断による合意形成：XをGの議長が承認していることがG－集団的信念となったとき、XはG－承認される。

（3）のような規定が成り立つ社会組織では、手続きの正当性ということが、G－承認の重要な基準となる。日本のような国家の場合、例えば、次のような日本－承認のための手続きがあると言えよう：

（5）　日本－承認という例

(a)　法案Xが国会－承認されたならば、Xは日本－承認された。

(b)　法案Xが衆議院－承認され、かつ、参議院－承認されたならば、Xは国会－承認された。

(c)　衆議院でも参議院でも、法案Xが議決におき代議員の過半数の賛成を得たならば、Xは、それぞれ、衆議院－承認あるいは参議院－承認された。

何故、G－制度的事実と生まの事実の間の区別が自覚されにくいのか

広く知れわたっている生まの事実を考えてみよう。人々は、このような事実を「あたりまえのこと」と言ったりする。例えば、地球は丸いという事実である。現在の教育体制から考えて、大人たちが、このことを信じており、あまりにも自明のことなので、大人のほとんど誰も他の大人たちもこのことを信じていると信じているだろう。だとするなら、地球が丸いことは生まの事実のみならず、日本における集団的信念でもある。同様に、大阪府が日本に属することも日本における集団的信念だが、これは生まの事実ではなく、日本－制度的事実である。両者の違いは、第五章の（6）で述べたとおり、その成立条件が集団的信念に依存しているかどうかにある。しかし、日常では、私たちは、この依存関係に注意を払わずに生活できる。生まの事実と制度的事実の違いを強調したいのは、哲学者であり、日常の生活者ではない。人々は、新しい科学的発見を受け入れるように、制度の変更を受け入れることができ、普通、生まの事実と制度的事実の違いに注意を向けることがない。この区別は、社会組織が安定しているときには気づかれにくいが、革命期や大胆な改革期には、人々によりはっきりと自覚される。

制度的な事実を生まの事実として描写することは、歴史上、多く見受けられた。そして、社会の中で成立している秩序を自然界の秩序と同列のものとして扱うことは、多くなされてきた。例えば、「貴族の血統」のように、既存の社会秩序を自然界に根拠を持つ差異により正当化・固定化しようとする試みは、しばしば、行われてきた。江戸時代では、「士農工商」という社会的階層は固定化されており、世襲制により職業の選択が制限されてきた。江戸時代の人々は、徳川幕府を実質上の頂点とする体制を承認していたが、その承認の仕方は、「石を投げてしばらくすると、地面に落ちる」というような生まの事実の受け入れ方とあまり変わらなかったかもしれない。自然界の法則が人間の力により変えることができないのと同様に、社会秩序も、自然界の法則と同様の強制力を持つものとして受け入れられていたことだろう。特に、君主を頂点とした専制体制では、G国の君主による決定が直ちにG国－承認となっている。専制体制が成功しているときには、G国の専制体制を承認すること自体が、G国の構成員として生き延びる条件となっており、このような形で、君主の決定がG国－承認されている。こうしたとき、既存の社会秩序が、自然法則のように絶対視されるという錯覚が生まれやすいと言えるだろう。

社会組織と民主主義の理念

社会組織が自己存続を自己目的化するものであり、また、構造化されたものであるため、一旦成立した既存の社会構造を個人の力で壊すことは困難である。そして、多くの社会組織が、既存の社会構造を正当化する理論や物語を構成員たちの集団的信念として浸透させるよう努めてきた。日本の神話なども、天皇を政治的権威の頂点とする社会構造を正当化する役割を歴史の中で果たしてきた。しかし、社会組織が最終的には、集団的信念に支えられている以上、既存の社会構造を正当化する理論への信頼が構成員たちの中で失われた時点では、その社会組織は存続の危機に直面している。すべての人々が基本的に平等であり、人間として同等の権利を持つべきだとする民主主義の理念は、既存の、あるいは、あるべき社会構造を正当化する理論として、もっとも普遍的だと言えよう。このような民主主義の理念は、歴史的地域的特殊性を越えて、原理的には、すべての社会組織に適用可能だと考えられる。

確かに、宗教的信仰などに支えられた政治体制はありうる。しかし、そのような政治体制は、特定の宗教的理念を前提にしているために、適用性に限界を持っている。これに対し、人々が基本的に平等であるという主張は、自然法則が特定の社会的階層を根拠付けるものではないという意味で、自然法則に加わる理論前提が非常に少ないテーゼである。

ある固定された社会的階層が生まの事実であるなら、自然法則を私たちが変えることはできないのだから、それを受け入れる以外にない。しかし、そのような社会的階層の成立が制度的事実にすぎないことをその構成員たちが受け入れたときには、この階層の変革の可能性が生まれている。

3　社会的規範

社会組織における規範の発生

困っている人を助けるのは何故良いことで、盗みは何故いけないのか？　ここでは、これらの問いに直接答えるのではなく、特定の社会組織に相対化して、これらの規範がその組織で有効である条件を分析することにする。

集団Gにとり良いことや悪いことを、次のように、一種のG－承認として定義することにする：

（6） G－制度的基礎事実としてのG－規範

(a) 集団GにとりXが良いことであるのは、Xが良いことであるとG－承認されているとき、かつ、そのときに限る。

(b) 集団GにとりXが悪いことであるのは、Xが悪いことであるとG－承認されているとき、かつ、そのときに限る。

ここで、この集団が社会組織である場合を考えてみよう。すでに述べたように、私の考えでは、社会組織は組織の自己存続を究極の目的としている集団である。そうであるなら、社会組織にとって良いことと悪いことは、究極の目的に相対化して考えることができよう。つまり、ある社会組織で通用する規範が組織の自己存続を伸長する方向である場合には、組織の自己存続の可能性が強められる。逆に言えば、社会組織の中で通用する規範は、その組織の自己存続を伸長するようなものでなくてはならない。そうでなければ、そのような社会組織は長期間存続できないだろう。

社会組織Gのある構成員が他の構成員を助けることがG全体にとって良いことであるのは、このような行為がGの自己存続を伸長する効果があるからであり、Gのある構成員が他の構成員に対し盗みをはたらいていけないのは、そのような行為がGの自己存続を危うくするからだと考えられる。ここで、G_1とG_2が完全に孤立した二つの社会組織だとしてみよう。すると、G_1とG_2の内部では、他の構成員を殺してはならないということが規範として成り立つと考えられる。というのも、他の構成員を殺害することが多発すれば、その組織の自己存続を危うくすることが考えられるからである。これに対し、死刑の執行などという、組織の自己存続を伸長するような殺害はその組織で承認される場合がある。そして、G_1の構成員がG_2の構成員を殺すことは、G_1とG_2の間に接触がなければ、G_1の自己存続を危うくしない。戦争を正当化する論理は、このような場面では成立する。つまり、G_1とG_2の戦争において、G_2の構成員をG_1の構成員が殺害することは、G_1内部で容認される。さらに、このような戦争行為がG_1の自己存続を伸長するとG_1が集団的に信じているとしよう。そのような場合、G_2の構成員を殺害することは、G_1では賞賛されるべきこととしてG_1の構成員により考えられることになる。

異なる社会組織における規範の矛盾

ここで、規範の矛盾に関するいくつかのケースを考えることができる。一つは、G_1-規範とG_1の一構成員が持つ個人的規範とに矛盾がある場合が考えられる。例えば、社会組織G_1に属するA氏がG_1-規範に反する犯罪行為を行った場合には、このケースの矛盾が現れている。というのも、A氏は、自分が生きるためには犯罪をおかしてもよいと考えているが、G_1はそのような個人の行動を禁じているからである。

次に、互いに素な二つの社会組織G_1とG_2の間で互いに矛盾する規範を持つ場合がある。この場合、G_1とG_2を統合するさらに高次の社会組織がないならば、問題は少ないと言えよう。そのような場合、それぞれの社会組織に属する個人がそこで有効な規範に従い行為すればよいからである。例えば、イスラム社会では、一日に五回礼拝をすることがよいとされているが、このことは日本社会では通用しない。

場合によっては、G_1とG_2という社会組織がかなりの構成員を共有していることがある。ここで、G_1の規範とG_2の規範が対立するなら、この矛盾は構成員たちに混乱をもたらすだろう。例えば、欠陥車についての情報開示を拒む自動車会社の社員などは、このような規範の対立に直面している。彼らは、善良な市民としては情報開示を望むのだが、会社存続を願う社員の一員として、会社の方針に従わねばならないと考えるのである。G_2がG_1の下位の社会組織であるなら、通常、人々は、G_2の規範をG_1の規範よりも優先するだろう。G_2への帰属性がG_2の規範の準拠をより強く要求するからである。この規範準拠が守れないなら、その構成員にはG_2を去ることが強制される。このように、私たちは、特定の社会組織に属することにより、自らの行為の制約を強制される。例えば、大学に勤務している私の場合には、授業を担当したり、決められた雑務をこなしたりするよう強制されている。この課題をあからさまに拒否した場合、私は大学という職場を去ることを強制されるだろう。

4　集団的合意形成と社会組織の再編

これまでの分析からの一つの帰結

本章における議論から考えると、二つの異なる社会組織が武力衝突を始めたなら、これを解決し、安定状態に戻る方法は限られているように思われる。その方法とは、完全な没交渉状態にいたること、一つの社会組織に統合されること、および、この二つの社会組織を含んだ社会組織が生まれること、この二つの社会組織が存続したまま合意にいたることとの四つである。

例として、AとBという部族間の武力闘争を考えてみよう。集団的合意形成がAとBのそれぞれの内部で完全に閉じている限り、安定状態にいたる道は、完全な没交渉状態以外にないように思われる。次に考えられるのは、AとBの間の調停に関する双方の合意である。そして、この合意に至ることにより、AとBをどちらも含んだ集団における（A＋B）－承認が生まれる。そして、第三の方法は、国際連合のような統合的組織にAとBが属するようになり、この統合的組織の規範を承認し、それに従って争いを調停する道である。そして、第四の方法は、AとBという社会組織に替わって一方が他方を吸収したり、AとBに替わるまったく新しい社会組織が形成されたりする場合である。例えば、一九九〇年十月に東ドイツは西ドイツに吸収され、二つの国家から一つの国家が生まれている。

様々な紛争の可能性を考えると、国際連合のような統合的国際組織の重要性が認識される。そこでは、全世界的な合意形成の手続きが保証されている。孤立した社会組織が存在せず、どんな社会組織も統合的社会組織の合意形成のプロセスに組み入れられることは、人類全体の存続のために重要である。そうでなければ、包括的合意の外側で、自らの原理により独自に行動する社会組織の暴力の危険に世界がさらされる可能性を無視することができないだろう。

サールによる分析の不充分性

サールによれば、制度的事実は、機能帰属（assignment of functions）と集団的志向性と構成的規則を前提にしている〔Searle (1995)〕。この分析において、「Xは（文脈Cにおいて）Yとみなされる」という図式により表現される構成的規則は決定的な役割を果たしている。例えば、司会が「会議を延期します（The meeting is adjourned）」と言うことにより会議を延期することができるが、このとき、構成的規則により会議の延期という状態が生成されると、サールは考える。ここで、構成的規則のX項は司会によってなされた宣言という言語行為であり、Y項はこの宣言により表現された制度的事実の生成となるというのが、サールの考えである〔p. 54〕。

ここで、サールによる構成的規則の描写を再検討してみよう。サールによる「Xは（文脈Cにおいて）Yとみなされる」という構成的規則の図式においては、どの集団においてXがYとみなされているのかが明らかにされていない。本章における分析が示したことは、この「どの集団において」ということが極めて重要だということである。「集団GにおいてXがYとみなされる」とは、本章の規定を用いれば、「XがYであることがG－承認される」ことに他ならない。こうした集団の明示化により、承認の下位組織への委任などの複雑な関係の描写が可能になったのである。

そして、本章でも示されたように、G－承認は必ずしも自然発生的なものではなく、多くの場合、合意形成の手続きによりはじめて生まれるものである。法には、憲法、法律、条令などがあり、憲法は法律に対するメタ規定として機能する。つまり、日本国憲法には、どのように採択された法律が

「日本－承認」されたものであるかが書かれていると解釈することができる。そして、日本国憲法を日本－承認することにより、私たち日本人は、そこに書かれた法作成の規定を日本－承認したことになり、この手続きに従って採択された法律を日本－承認することになるのである。サールの分析では、「(文脈Cにおいて)」という構成的規則中の規定が不明確なため、このような踏み込んだ分析ができないのである。

第八章　認識の集団性と歴史性

哲学の伝統においては、認識は、個人的なものとして分析されることが多かった。このことは、分析哲学の伝統においても同様である。本章では、認識が集団的・歴史的プロセスの中に位置づけられるものであることを明らかにしたい。(1)

1　認識基盤は改訂されうる

認識が感覚印象に概念図式を適用することにより達成されるという考えは、すでに、カント（I. Kant, 1724-1804）の理論哲学に見出すことができる。これは、クーンのパラダイム論にもつながる認識の本質的特徴を捉えていると考えることができる。問題は、カントがこの「概念図式」を先験的

(a priori) に要請されたものと考えたことにある。経験主義者にとっては、概念図式も経験をとおして構成されたものに他ならない。クワインは、感覚刺激と概念図式の間のこの関係を、現代論理学の成果や科学史と整合的になるように、経験主義的に捉えなおした。この節では、カントとクワインの認識論を検討することにより、認識についての考察の出発点としたい。

カントの認識論への批判

認識の問題について考えるために、まず、カントの認識論の限界を指摘しておきたい。カントの認識論は、知覚への概念適用として認識を捉えた点については、高く評価されるべきである。しかし、そこには、二つの問題点がある。その問題点というのは、認識を静的なレベルで考えたことと、認識を個人レベルで考え、複数の主体により共有され、影響されあうものとしての認識の問題を扱えなかったことにある。ドイツ観念論の歴史の中で、この問題は、ヘーゲル哲学により、認識に関して自己発展していく絶対精神の容認という高い代償を払うことにより、ある種の解決を見たといってよいだろう。この章では、出発点を基本的にはカントと共有しつつ、この二つの問題点を克服し、認識の集団性と歴史性に、ヘーゲル (G. W. F. Hegel, 1770-1831) とは異なった解決案を提示することを試みたい。まず、カントの認識論がどのようなものであったかを、『純粋理性批判』の冒頭部をもとに、私なりに再構成してみよう〔Kant (1787)〕。

カントの理論哲学には「物自体」(Ding an sich) が登場する。彼によれば、感性とは外界の対象から刺激されることにより表象（Vorstellung）をえる能力である。そして、対象について考えるためには、悟性（Verstand）が必要になる。概念は悟性から生まれるものである。また、カントは、対象が感性により与えられているため、「物自体」については知ることはできないと考える。カントは、このように感性と悟性という認識に関する二つの能力を設定することにより、素朴実在論を避けることができた。私たちに与えられているのは、物自体ではなく、感性を通して得られた現象である。そして、認識は、現象を受け取ることのみによって成立するのではなく、現象にカテゴリーという「概念図式」を適用することにより初めて成立する。つまり、認識には、外界からの刺激を受け取る能力としての感性とこの現象にカテゴリーを適用する能力としての悟性の両方が必要となる。

このようなカントの認識論の大枠は現代でも維持できると、私は考える。それは、感覚器が刺激され、その刺激が脳で処理されることにより外界についての認識が生まれるという構図は、現代科学でも認められているからである。問題は、カントの認識論が静的なものであることにある。カントは、悟性の基本構造は先験的に与えられたものであり、文化や歴史に影響されないと考えている。しかし、分析的言明と綜合的言明の間の境界が曖昧であることを指摘したクワインの全体論（holism）に従うかぎり、悟性の基本構造の先験性を受け入れることはできない。どのような概念図式も、経験の説明や現象の予測に失敗し続けるときには、他の概念図式により取って代わられる可能性を持っている。(2)つまり、概念図式の受け入れも、間接的にではあっても、経験と関わっており、経験により影響を受けうる。このようなクワインの全体論は、ある種の洗練された経験主義である。それが、どのようなものであるかを、次に見ておこう。

クワインの全体論

クワインの全体論の簡潔な描写は、「経験主義の二つのドグマ」（1951）に与えられている：

「地理や歴史のごくありふれた事柄から、原子物理学、さらには純粋数学や論理に属するきわめて深遠な法則に至るまで、われわれのいわゆる知識や信念の総体は、周縁に沿ってのみ経験と接する人工の構築物である。あるいは、別の比喩を用いれば、科学全体は、その境界条件が経験であるような力の場のようなものである。周縁部での経験との衝突は、場の内部での再調整を引き起こす。いくつかの言明に対して、真理値が再配分されなければならない」〔Quine（1961）p. 42，邦訳 p. 63〕。

このように信念総体は、「二つのドグマ」においては、「周縁に沿ってのみ経験と接する人工の構築物」と捉えられていた。この信念総体と経験の接点とは何なのか？　この問いに対するある解答が、『言葉と対象』（1960）の中で試みられる：

「「二つのドグマ」のメタファーで言う構造物の周縁に近い文は、『言葉と対象』では観察文と呼ばれることになります。観察文と経験との結合は、知覚的に類似した神経入力の諸範囲との結びつきとして説明されました。その結びつきは、原初的には、条件づけによるものでした。そして、時至れば、各人がもつ世界に関する発展しつつある理論からの反作用によって、さらに別の結びつきが作り出されるのです」〔Quine (1991) 邦訳 p. 136〕。

これらの引用の考えを総合すると、次のようなクワインの全体論の像ができあがる：

(1) クワインの全体論

(a) 〔信念総体〕 信念総体は、整合的な文集合により表すことができる。
(b) 〔整合性〕 信念総体は、整合性を保ったまま変化する。
(c) 〔保守主義〕 信念体系の変化は徐々に起こる。[3] 信念総体が一挙に入れ換えられるようなことはない。
(d) 〔経験の重視〕 経験に近い文とそうでない文が存在する。
(e) 〔観察文の特別な位置づけ〕 観察文、即ち、経験に極めて近い文は強く信じられ、改訂されるのはごくまれである。

クワインにとり、判断の基礎となるのは信念総体以外にない。認識に不可欠であり、認識が成立するための条件とカントが考えた概念図式は、クワインにとり信念総体の一部として吸収され、それらは他の信念同様、他のものに取って代わられる可能性を持っている。こうして、認識の経験への依存性が明らかになる。経験によりテストされるのは、個別の文ではなく、信念総体である。そして、この信念総体には、概念図式を規定している信念も含まれているため、概念図式の認識に対する優位性は相対化されるのである。だから、クワインにとり、経験により反駁不可能な地位を原理的に保ちうるような認識基盤は存在しない。つまり、すべての認識基盤は経験依存的となる。こうして、クワインは、全体論という形で、現代哲学に経験主義を復活させたのである。

2　信念の伝承

クワインは、信念総体の社会性や歴史性に十分な注意をはらうことがなかった。しかし、信念の集団性や歴史性は、自分が獲得している信念の由来を問うてみれば、すぐに明らかになるはずである。

信念の源

クワインは、信念総体を基本にすることにより、現代的認識論を経験主義的全体論として形作ることができた。しかし、信念総体を構成している個々の信念は、どのように獲得されたのか？　クワイン自身は、このような問いを真剣に受けとめていなかったように、私には思われる。また、クワインは、個人の信念と集団の信念との関係に関心を払っていないようである。それは、先の引用でクワインが「科学全体」という不明確な表現を使っていることからも推察することができる。科学の文脈で、問題にすべきは、特定の科学者集団に属している特定の個人の信念体系と、それらの個々人の信念から形成される科学者集団の共有信念である。そこで、ここでは、個々人の信念体系に注目し、その構成要素である個々の信念の源泉について考えてみることにしたい。このことは、クワイン哲学の限界を超える作業にもつながるであろう。

　自分がいま正しいと信じている事柄の源泉はどこにあるのかを、問うてみよう。私は、自分の経験を通して、きのう朝四時頃に目が覚めてしまったことを知っている。また、私は、NHKのニュース報道を通して、きのう中学生による殺人未遂事件があったことを知っている。そして、カントの『純粋理性批判』のある邦訳をかつて読んだことにより、彼が「物自体」という概念を用いていたことを知っている。このように、私の知識の源は、私の体験に限定されているわけではなく、社会や歴史に開かれていることがわかる。

　例えば、私がカントの『純粋理性批判』をA氏の翻訳により読んだとしよう。すると、少なくとも次のような知の伝達があったことがわかる：

カント
↓
A氏
↓
中山康雄

ここで、矢印「↓」は、知の伝承を表しているとする。ただし、この知の伝承には、受けて側の編集が加わるのが普通である。A氏によるカントの翻訳には、A氏のカント理解が反映しており、さらに、私は、カントの考えと思われるものを私なりにまとめた形で理解しているのである。

現在の私の「信念体系の系統図」を、大幅に簡略化して描いてみると、図1のような図になる。

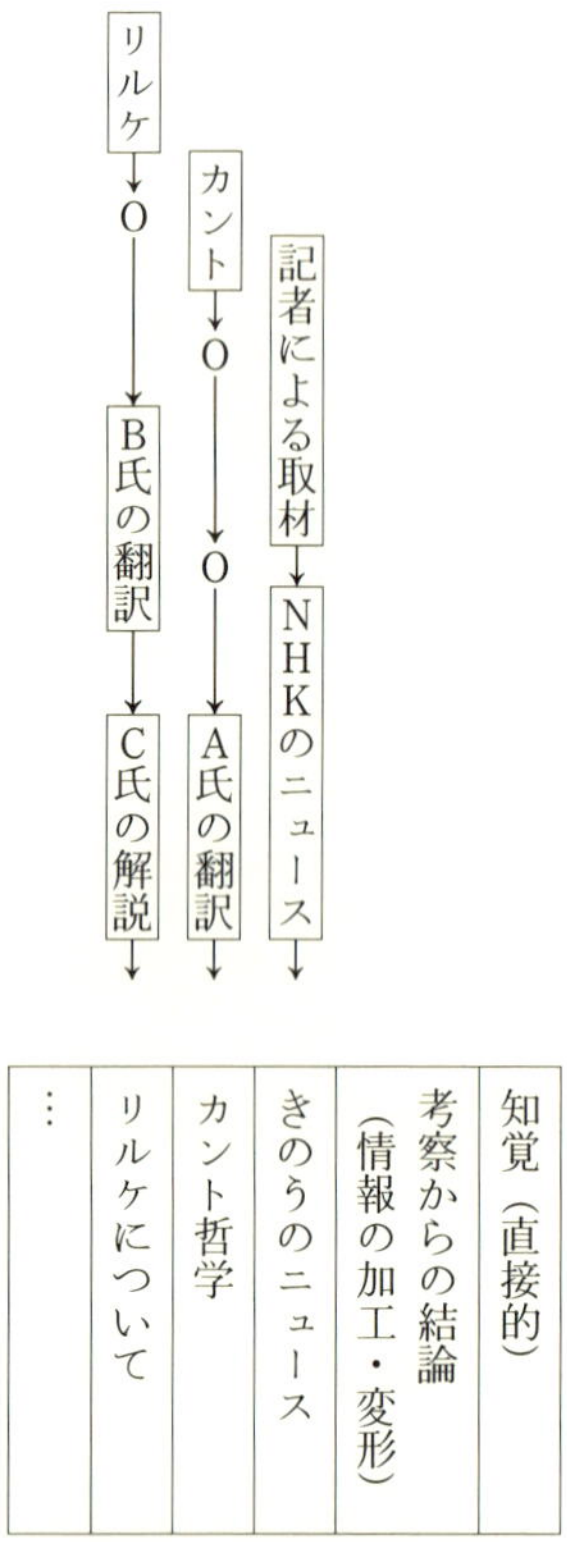
記者による取材
NHKのニュース
カント
O
O
A氏の翻訳
リルケ
O
B氏の翻訳
C氏の解説
知覚（直接的）
考察からの結論
（情報の加工・変形）
きのうのニュース
カント哲学
リルケについて
…

図1　中山康雄の信念の一部の伝承図

ここで、記憶されている情報がすべてそのまま受け入れられているわけではないということに注意したい。自分がすでに基盤にしていることに照らし合わせてありえないと思われる事柄は、誤った情報と判断され、自らの信念総体に取り入れられることはないだろう。また、受け入れられた事柄も、自分で理解できる形に加工されて信じられているのである。

信念の社会的広がり

一つの事柄に関しても信念の伝承は、複数の源泉を持つことができる。例えば、A君のカントについての知識の場合には、大学で先生が講義で話すのを聞いたのと、哲学入門書に出ていたのを読んで少し記憶に残っているという二つの源泉がある。そして、この大学の先生のカントについての知識も、複数の源泉から伝承されたものだということが考えられる。

また、A君が複数の友達とカントについて議論すれば、A君のカントについての信念は、この友達たちに伝承される。このように、今度は、A君自身が情報の発信源になる場合もある。こう考えると、「知の伝承」は、歴史的次元のみでなく、社会的次元を持っていることがわかる。

図2　伝承の経歴図の例

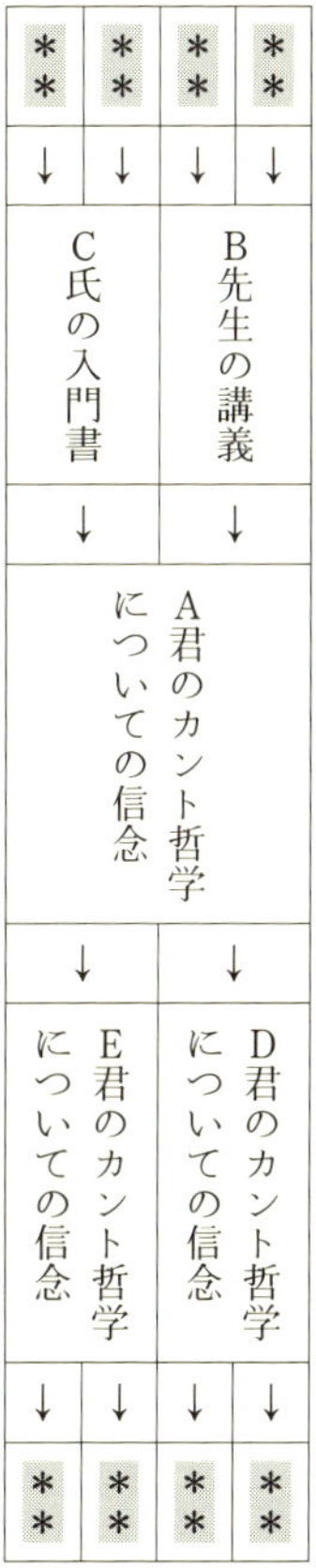
**
**
**
**
B先生の講義
C氏の入門書
A君のカント哲学についての信念
D君のカント哲学についての信念
E君のカント哲学についての信念
**
**
**
**

図3　伝承の広がりの図

図3の伝承の広がりの図は、伝承の完全形の上下三段階を表している。しかし、伝承は、自動的に広がるものではなく、途切れうるものである。そして、伝承の重要な機能の一つに、濾過作用がある。人々の記憶の容量は限られている。そこで、人々は、自分にとり重要なことは覚えているが、瑣末なことは忘れてしまう。だから、何世代にも渡って伝承されてきた事柄は、その重要さが世代を超えて認められてきた事柄である。このような伝承の濾過作用を経て、哲学や文学の古典は精選されて、現代の私たちに残されてきた。これらの古典は、なお、現代的関心から読まれ、未知の事柄をいまなお私たちに語り続けている。

信念伝承の類型

先に見たように、個人の信念体系は歴史的起源を持っており、その人の独力により築き上げられたものではない。地域や時代により、信念の伝承形態には、特定の傾向が見られる。

(2) 信念の伝承形態

(a) 伝承維持型
(A) 構成員たちが先人たちと同じ信念体系を獲得することを目標とする。
(B) 社会組織の構造維持が目標となる。

(b) 伝承変更型
(A) 異文化の信念が流入したり、新しい信念体系を提案する構成員たちが生まれたりして、それにともなう新しい信念体系の調整が必要となる。
(B) 社会組織の構造が維持できなくなり、社会組織の再編成がなされる。
(C) 異文化との接触により伝承を変更する場合や、革命や大改革により既存の伝承を否定し新しい秩序の形成を目指す場合などがある。

(c) 伝承拡張型
(A) 既存の信念体系に基づき、これをさらに発展させて拡張しようとする構成員たちが生まれる。
(B) 拡張された信念により新しい個人の活動が生まれ、社会組織の構造が徐々に変化していく。

これらの信念の伝承形態は、自然環境に影響を与える場合も多い。例えば、社会組織が伝承維持型の状態にあるとき、自然環境との平衡状態が維持されるだろう。これに対し、社会組織が伝承拡張型のときには、自然環境との平衡が崩れ、自然との関係は変化し続けることが予想される。現代の日本、そして、現代のほとんどの国家は、伝承拡張型か伝承変更型の状態にあると分類できる。これに対し、縄文時代に生きた部落の人々は伝承維持型を継続する社会組織で生活していたと言えるだろう。だからこそ、何千年にもわたって、同型の文化が維持されたのである。過去の歴史においては、異文化との接触により起こった伝承変更が、しばらくすると定着し、伝承維持型に移行して、自然環境との平衡状態が再構築されるということがよく起こったと考えられる。「江戸時代」などという時代区分も、このような持続する安定期の社会組織の状態を指していることが多い。しかし、現代では、新しい知の創造へ向かっての共同行為が組織化され、伝承拡張の速さは加速され続けている。

3　認識基盤と信念構造

認識基盤とは何なのか？　この節では、この問いについて、ある程度厳密に答えることを試みたい。このようにして得られる理論は、クワインの経験主義的全体論を発展的に修正したものとなる。

信念構造と認識基盤

私は、いくつかの論文で、人間の信念状態を、改訂されにくさの順序関係を用いて表した信念構造(belief structure)として描くことを提案した〔中山(1995a, 2002a), Nakayama(2001b)〕。この信念の表記法は、より根本的な理論や考えと他の瑣末な考えを区別するのに用いることができる。つまり、ある人が理論Tを根本的だと考えていることは、Tが非常に改訂されにくい理論だとすることで説明できる。

例えば、現在では、量子力学は、物理学や化学や生物学の分野のさまざまな現象を説明するための基本理論になっている。だから、量子力学を改訂しようとすれば、それが影響を与えて理論化した自然科学の諸説を改訂する必要が出てくるだろう。だから、このような根本的理論の場合、この理論に代わって別の理論を採用することにともなう信念構造調整のコストは、かなり大きくなるのである。だから、「ある人にとりある考えが改訂されにくい」ということは、「その人にとりその考えがいかに根本的か」ということを表す指標だと考えることができる。

ある人の認識基盤は、その人がいろいろなことを考えることの基盤となり、それが正しいと前提されている信念だと言ってよいだろう。直接の知覚により得られた情報は、普通、かなり信頼され、改訂されにくい。そのためクワインにおいても、観察文は、特別な意味を持っている。しかし、観察文は、そこに現れる概念語を含んでいるため、概念を規定するような文の方が観察文よりさらに根本的だと言える。そこで、認識基盤というものを、次のように特徴付けることにしたい。

（3）認識基盤の規定

人物Xの認識基盤は、特に改訂されにくい一般的な文の集合により表現されるXの一群の信念である。

図1や図2で表された信念の伝承からすぐにわかるように、（3）からは認識基盤が歴史的なものであることが帰結する。また、全体論の立場を取れば、認識は、必ず、信念総体に依存するのだから、それらは、特に、認識基盤に依存していることになる。

（4）認識基盤の特徴

(a) 認識基盤は歴史的に形作られたものである。そして、それは歴史の中で変遷していった。

(b) 文により表現される知識は、この文に現れる語句の意味規定を前提にしている。そして、その意味規定は、認識基盤によって提供される。だから、認識基盤を離れて認識は成立しない。従って、認識のための中立的言語というものは存在しない。

この認識基盤という概念は、クーンの言う「パラダイム」(paradigm) や、ガダマーの「地平」(Horizont) を説明しうるものだと、私は考えている。

複数基準語と法則集約語

クワインは、分析的言明と綜合的言明の間に明確な境界はないとした。しかし、パトナム（H. Putnam）が指摘したように、この二つのクラスの間にさらに微妙な区別を導入することにより、両クラス間の連続性を示すことができる〔Putnam（1962）〕。丹治信春も、このパトナムの議論を基盤に、認識のダイナミズムを記述することを試みた〔丹治（1996）〕。このとき、丹治は、パトナムの議論に従って、一基準語（one-criterion word）、二基準語、法則集約語（law cluster word）などを区別している。例えば、日本語における「独身者」という語は、「結婚していない」という基準抜きには理解できない語であり、一基準語とみなしうる語だと考えられる。これに対し、「電子」という語を理解するためには物理法則の理解が必要となり、この語は法則集約語と考えられる。

第五章2節で、私は、「意味公準」という概念を規定した。それは、次のようなものであった：

「言語共同体 *LC* における意味公準とは、*LC* のすべての構成員が承認しているような文である。だから、pが意味公準であるなら、*LC* は pを集団的に信じている。」

認識基盤の議論を踏まえて、これを次のように修正する必要がある：

（5）　修正された意味公準の規定

共同体*LC*における意味公準とは、*LC*のすべての構成員が承認しているような文であり、かつ、すべての構成員の認識基盤の構成要素となっている文である。

例えば、「独身者」というような一基準語においては、「独身者は結婚していない」という一つの意味公準しか存在しない。しかし、「電子」という語が現れる文を正しく理解するためには、一群の物理学理論の理解が必要になる。このとき、この物理学理論全体が、「電子」という語を理解するのに必要な意味公準となっている。だから、「電子」は、法則集約語なのである。

私は、「改訂されにくい」という表現を用いて、認識基盤を規定した。これに対し、丹治は、「基本的な結び付き」とか「最終的な根拠の位置に立ちうる命題」という用語を用いて複数基準語の振る舞いを説明しているが〔p. 219f〕、これらの用語を正確に定義はしていない。丹治の説明の方向性はほぼ正しいものの、その説明の基盤も、言語共同体の集団的信念への言及も欠けている。本章での分析は、これらの不充分性を補うものとして考えることができる。

また、丹治は、補償の原理を定義し、ある程度の信念体系のずれを許容した言語の準同一性を規定しようとした。この原理によれば、信念体系の相互のずれは共有信念を足場にした論証や説明により補償される。しかし、言語は、そもそも、その言語を用いて形成された信念体系の差異を許容し、様々な信念構造を持つ集団の形成と矛盾しないものである。むしろ、社会は、異なる集団間に展開される競争と共生のプロセスの中で変動していくと考えるべきだろう。集団間に起こる一定の理解不可能性は事実であり、それを解決するのは必ずしも論証や説明ではなく集団淘汰のプロセスであり、論証や説明は集団間の共生の過程や新集団形成過程で現われる一現象であると考えられる。

4　信念の集団性と歴史性

これまでの議論から明らかなように、個人の知は社会的であり、歴史的である。そして、このことは、人間の知の営みそのものが、集団的・歴史的であることを意味している。

知の共同作業

「知識」や「情報」と呼ばれ、その内容の正しさがある程度集団的に承認された信念は、その信念を共有する集団にとり、道具的役割を果たす。ここで、ある集団Gにとり、その内容の正しさが承認されている知識や情報のことを「G‐知識」や「G‐情報」と呼ぼう。

科学者集団は、明らかに、伝承維持型の社会組織では必要とされない。というのも、科学者の仕事は、新しい知識を発見することにあるからであり、このような作業は、伝承維持型の社会組織を破壊する可能性のある危険なものであるからだ。ガリレオの「地球は回っている」という発言が、キリスト教社会に脅威だった理由もこのことにあるだろう。伝承維持型の社会組織が望むのは、伝統を継承し維持しようとする保守的な知識者集団である。これに対し、科学者集団が必要とされるのは、伝承拡張型や伝承変更型の社会組織においてである。

労働において共同作業や分業が可能なように、研究活動においても共同作業や分業が可能である。実りある科学活動にとり、それらはほとんど不可欠であると言っても過言ではない。研究における共同作業は、一つの共同行為であり、第六章1節の共同行為の規定を充たすものだと言える。あるプロジェクトに参加する研究者たちは、共同の目的を持ち、課題を分担し、お互いに信頼・協力し合って、各々が自分の課題を解こうとしている。そして、現在では、多くの研究が、このような共同研究としてなされている。

また、さらに広い意味でも、知の分業は成立している。科学者たちは、他の科学者たちが到達した業績を自分の研究の前提として用いることができる。その意味で、科学的知識は、一般の科学者たちに開放されている。そして、このように、他の科学業績が自由に利用可能であるからこそ、科学者たちは、未知の研究テーマに取り組むことができるのである。だから、分野の細分化や極端な専門化は、伝承拡張型社会組織における知の探求からの当然の結果だと言える。

権威と知の分業

「権威」は、否定的な意味で用いられることが多い用語である。しかし、ガダマーやクーンは、この概念に肯定的な意味を見出した。権威の確立は、伝承の効率化を促進する。もし、知的活動において権威が確立されていないとしたなら、私たちは、多量の情報の中で何が正しいのかを闇雲にすべて自分で判断しなくてはならなくなるだろう。権威付けられた知があるからこそ、私たちは、それに集中し、この知を自らのものとすることに専念できる。クーンの言う「パラダイム」は、ある科学者集団において集団的に承認された権威付けられた根本的科学的業績の集まりと解釈することもできる。

科学者を構成員とする社会組織である学会は、権威付けの作業を一つの業務としている。学会組織は、通常、選挙により選ばれた理事や会長などからなる理事会や決議事項を実行に移す事務局などを含む構造を内部に持っている。理事会には学会運営が任されており、学会は指名された編集委員の査読を通過した論文を集めた学会誌を出版している。また、中心的学会員たちは、この分野に関する教科書を書いたりする。教科書は、何が権威付けられた知であるかを明らかにし、これを浸透させるために、多くの場合、書かれる。また、学会誌は、編集委員の権威に基づいて、何が価値ある研究論文なのかを決定している。そして、一般の人々は、専門家集団の合意した考えを、吟味することなく、その領域の知として承認している。まさに、このことが、知の分業を成立させる。人々は、高分子化学については高分子化学者の意見が正しく、物性物理については物性物理の専門家の意見が正しいと思っている。一般の人々は、これらの専門領域に関して判断する十分な認識基盤を持たないので、この判断を専門家集団に一任するのである。この知の分業により、科学者たちは、個々の細かい課題に活動を集中し、より多くの成果を得ることができる。このように、科学の急速な進展は、知の分業を土台にしたものであり、それは、それぞれの分野における専門家の権威の承認を前提にしている。だからこそ、クーンは、通常科学における権威の役割を肯定的に評価したのである。

また、すでに述べたように、伝承には濾過作用がある。時代を超えて生き延びた古典は、すでに、権威的な地位を獲得している。実際、古典的作品とは、現代人がそれを権威として承認している過去の作品に他ならない。この意味で、科学のみならず、芸術や文学においても、権威は決定的な役割を果たしている。

クーンの科学哲学

クーンの科学哲学における主要なテーゼは、科学は通常科学と科学革命という二つの異なるタイプの研究活動を通して発展していくというものである。そして、通常科学から科学革命の移行期に危機の時代が位置するとクーンは考える。これら三つの科学の発展状態は科学者集団の構成員の認識状態を用いて表現できる。

（6）クーンの科学哲学の基本的用語

(a)［通常科学］通常科学の時代には、ある分野の科学者集団のほとんどの構成員により、その分野の他の理論よりも強く信じられている基礎理論が存在する。当然、この基礎理論は、その補助仮説よりも強く信じられている。この状態では、この基礎理論を基礎にして専門分野に細分化された研究がなされる。

(b)［危機］危機の時代では、ある分野の科学者集団のほとんどの構成員により強く信じられているような共通の基礎理論が存在しない。ここでは、競合する複数の基礎理論が存在し、その基礎理論のいずれかを他のものよりも強く信じている科学者と、どの理論を優先すべきかディレンマに陥っている科学者とがいる。このような時代には、その分野の基礎的問題に対する議論が活発となる。

(c)［科学革命］　それまでにはなかった新しい基礎理論が、ある分野の科学者集団のほとんどの構成員に受け入れられるようになる。これを出発点に、この基礎理論を基にして通常科学の研究が再度始まる。

おもしろいことに、この科学活動の三つの型は、（2）で述べた信念の伝承形態に対応させることができる：

通常科学	科学者集団が伝承拡張型の状態にある
危機	科学者集団が伝承拡張の試みに失敗し続ける状態にある
科学革命	科学者集団が伝承変更型の状態にある

表1

このように、科学活動の発展も信念の伝承形態を用いて分析できる。そして、ある意味で、このことは当然である。というのも、科学活動においても、信念が伝承されているからである。クーンによれば、通常科学期における基礎理論の共有は、教科書や教育をとおして可能となる。つまり、ここでは、著者や教師を媒介にした信念の伝承が起きているのである。また、見本例に基づいて与えられた問題を解くことにより、学ばれた理論のうちどの部分が固定された基本的なものであり、どの部分が個々の問題に即して修正されるべき補助的なものであるかが学習される。このようにして、実践をとおして、信念のみでなく、信念構造もほとんど変形を受けることなく伝承されうる。こうした信念構造の部分的伝承が、通常科学における研究活動を支えているものなのである。これに対し、危機の時代では、信念の伝承は起こっても、信念構造の伝承は保証されない。このような時代では、どの理論が重要なのかということに関して科学者たちの判断がまちまちになっているのである〔中山（1995a），Nakayama（2001b）〕。

経験科学における経験の持つ意味は、第1節で論じたクワインの経験主義から明らかだろう。経験は、信念総体に対するテストの役割を果たすのである。クワインの保守主義は、通常科学の場面で最も忠実に守られている。「パラダイム変換」に対する科学者たちの示す抵抗は、クワインの保守主義から適切に説明できる。しかし、科学革命の場面でさえも、ある程度の保守主義は守られねばならない。そして、クーンもこのことを観察している：

「さらにそのようなことが起こり、新しいパラダイム候補が引き出されても、科学者は二つのきわめて重要な条件が満たされない限り、新しいパラダイムを持ちたがらない。その二つの条件の第一は、新しい候補が、他の方法ではうまくゆかないある著しい、よく知られた問題を解決できるように見えることである。二番目に、新しいパラダイムは、その前任者によってかち得られた具体的な問題解決能力の大部分を、保持することを約束せねばならない」〔Kuhn（1962）p. 169, 邦訳p. 191〕。

このように、クーンの科学哲学は、信念の伝承形態を科学活動に適用したものとして、合理的に再構成することが可能である。(4)

人間存在の歴史性

人間存在は、本質的に、歴史的なものである。このことを確かめるために、まず、信念に関する次のテーゼを確認しておこう：

（7）　信念構造と信念体系に関するテーゼ

(a)　人は、生まれた時、何も信じていない。即ち、生まれたばかりの人の信念構造は空の信念構造により表すことができる。

(b)　他者から獲得された信念は、個人の信念体系のかなりの部分を占めている。

(c)　第一章で見たように、合理的行為者の行為選択は、彼が現時点で所有する信念体系に依存する。

この（7）のテーゼから、人間存在の歴史性に関する次のテーゼが導出される：

（8）　人間の歴史への依存性に関するテーゼ

(a)　個々の人間の認識基盤が彼の個人史に依存するという意味で、人間は歴史的存在者である。

(b)　個々の人間の認識基盤がそれまでの「知の歴史」に依存するという意味で、人間は歴史的存在者である。

(c)　個々の人間の行為が歴史的に形成された認識基盤に依存するという意味で、人間は歴史的存在者である。

人間は、歴史に規定される存在者であるとともに歴史を制作する存在者でもある。次のテーゼは、歴史に参与するものとしての人間についてのものである。

（9）　人間による歴史の生成に関するテーゼ

(a)　行為は、自然と社会に因果的影響を与える。その意味で、行為者は、行為することにより歴史的未来を規定することに参与する。

(b)　第五章と第七章で論じたように、集団的信念が社会的事実の存在を可能にする。社会は、人々が他の人々が受け入れている信念を同様に受け入れることにより成立する。そして、この集団的信念が大きく崩れる時、社会も崩壊する。その意味で、人々は、集団的信念を持ち、その信念に従い行為することにより、歴史における社会的現実を維持することに寄与している。

(9)　は、自らの信念に基づいて行為することにより、行為者がこの歴史的現在の維持や歴史的未来の規定に貢献していることを表している。

社会から個人へ

第一章から第六章までにおいては、個人の心や行為が、集団への心の帰属や共同行為をいかに構成するかを説明してきた。しかし、本章では、この議論の出発点で受け入れていた個人が歴史性や社会性を持つ行為者であることを確認するに至った。つまり、私たちの企ては、個人から出発し、社会へと至り、歴史と社会を通過して、再び個人へと回帰したのである。これは、一つの循環である。しかし、この循環を通して、はじめて、私たちは、個人と社会の関係をよりよく理解できる地点にたどり着いたのではないだろうか。社会組織の構成員たちが、すでに、歴史性や社会性を受け入れて自己を規定してきた存在者だったのである。このことが正しいなら、この循環こそが、私たちの自己理解という作業に必要だったものなのである。

註

序論

(1) 行為構造とは、欲せられたものに達するための手段・目的関係を描いた構造である〔中山(1995b), 中山(2003a) p. 233〕。

第一章

(1) 志向性を意味するドイツ語の Intentionalität や英語の intentionality は、ラテン語の名詞inten-tioに起源を持つ。ラテン語の動詞 intendere は、目的やものに向けられていることを意味している。intentio は、中世のスコラ哲学が用いた哲学用語であり、これを十九世紀後半にブレンターノ(F. Brentano, 1837 - 1917)が復活させた〔Jacobs(2003)〕。その後、フッサール(E. Husserl, 1859-1938)が、彼の現象学の中核概念として「志向性」を使用し、現代にいたって、分析哲学者たちも主に心の哲学の議論でこの語を用いるようになった。本書では、おもに、信念や欲求という心的状態に焦点が絞られる。

(2) サールも心的状態において意識化されない認知能力を重視し、これを「背景(Background)」と呼んでいる〔Searle(1995, 1998)〕。

(3) この節での引用は、すべて、Dennett(1987)からのものである。また、基本的に、若島・河田訳に従っているが、「stance」を「姿勢」ではなく「スタンス」と直訳している。

(4) 私の考えでは、高次の志向システムこそが本当の志向システムである。というのも、高次の志向システムは、内省により自分自身の志向的状態を知ることができるからである。つまり、高次の志向システムにおいて、はじめて、内省的事実が成立するからである。

(5) 『哲学探究』二四三節で、ヴィトゲンシュタインは、「私的言語」という用語を、「話者だけに知られうる直接的私的感覚を指示する語句の言語」として導入している〔Wittgenstein（1953）〕。従って、他者は、この言語を理解できないことになる。

（6） デネットの感覚質に関する立場に対する私の批判は、中山（2001b）で展開されている。

（7） 解離性同一性障害（多重人格）では、この心的状態の透明性が崩れることにより多数の人格状態が表れる。

（8） 本書では、（P⇔Q）は、双方向条件文を表し、（（P⇒Q）＆（Q⇒P））の省略形として用いることにする。従って、（P⇔Q）は、「Pが成り立つのは、Qが成り立つとき、かつ、そのときに限る」ということを意味している。

（9） 狭い内容と広い内容については、詳しい検討が中才（1995）第三章「心と因果」でなされているので、参照されたい。

（10） フレーゲは、論文「思想」（1918-19）の中でこの問題に言及している。彼は、「グスタフ・ラウベン博士」という固有名を含んだ文の内容に関して、ラウベン博士について違う知識を持つ人々がこの固有名を用いるとき、「この固有名に関する限りでは、同じ言語を話していない」〔Frege（1976）p. 38f, 邦訳 p. 110〕と述べている。ダメット（M. Dummett, 1925-）は、これを「彼らの個人言語は完全には一致しない」と表現できることを指摘している〔Dummett（1981）p. 113〕。ちなみに、「思想」におけるのと同様の考えは論文「意義と意味について」（1892）の「アリストテレス」という固有名の意義に関する註2で、すでに、述べられている。

（11） ただし、ここで、cはスコーレム定数であるとする。スコーレム定数は、主張が真になるように解釈することが許されている定数である。そのため、「cはFである」は、「Fであるものが存在する」と同じように扱うことができる。「cはFであり、かつ、cはGである」は、「Fであり、かつ、Gであるものが存在する」に対応することになる。詳しくは、Nakayama（1999）、小山・中山（2001）、中山（2004a）などを参照のこと。

第二章

（1） この章での議論は、主に、子安（2000）やAstington（1993）を参考にしている。

（2） 一九六〇年代、重度のてんかんを改善するために、右脳と左脳を連絡する二つの主要な神経束である脳梁と前交連を切断する外科手術が行われることがあった。このような手術を受けた人々を「分離脳患者」と呼ぶことがある。ガザニガ（M. S. Gazzaniga）の報告によると、ある分離脳患者は、左手を使って彼の妻に斧で襲いかかろうとし、右手は左手を止めようとした。また、スペリー（R. W. Sperry）らは、分離脳患者に物体を触らせただけでその名前を答えさせたところ、右手で物体に触った方が、左手で触ったときよりも正しく答えられることを発見した〔Stillings et al.（1987）邦訳 pp. 351-353〕。

第三章

（1） 古典論理では、「pならばq」と「qでないならば、pでない」は論理的に同値である。また、「qでないならば、pでない」は、「pならばq」の対偶（contraposition）と呼ばれる。ここでは、「A・B条項で充たされていないものが存在するならば、企図された行為は遂行されていない」の対偶が、「企図された行為が遂行されているならば、すべてのA・B条項が充たされている」と論理的に同値であり、また、このことは容易に証明できる。

（2） フレーゲはこれらの考えを、「思想」（1918）、「否定」（1919）、「複合思想」（1923）などの論文で表明している〔Frege（1976）〕。また、Harnish（2001）も参照されたい。

（3） フレーゲ流にオースティンを解釈しようとしたときの困難をコーエン（L. J. Cohen）は指摘している〔Cohen（1969）〕。

（4） フレーゲの文脈原理は、『算術の基礎』（1884）で唱えられた原理であり、「語の意味は、文という脈絡において問われなければならず、孤立して問われてはならない」という内容を持っている〔邦訳 p. 43，野本（2001）p. 18〕。

（5） 一般に、原因が結果を惹き起こすためには、様々な条件が満たされていないといけない。この条件が事前規則で表現されていると考えることができる。

（6） 最近の言語行為に関するアプローチとしては、プラン言語を用いたアプローチであるコーエン（P. R. Cohen）らによるもの〔Cohen and Perrault（1979）〕、状況意味論（Situation Semantics）を用いて言語行為の意味論を構築しようとする山田友幸のアプローチ〔Yamada (2002)〕などがある。本書第四章のアプローチは、Cohen and Perrault (1979) のアプローチに近いが、フレーゲの力の理論とも整合的になっている。また、本書のアプローチは、言語行為を行為連鎖や共同行為の一部として捉えるという特徴を持っている。

(7) グレーヴェンドルフは、遂行的発言を宣言として捉えるサールの立場に批判を加えている〔Grewendorf (2002)〕。一つの批判は、「結婚させる (marry)」のような宣言型の遂行動詞を含んだ「言語外的宣言 (extra-linguistic declaration)」と、「命令する (order)」のような他のタイプの遂行動詞を含んだ「言語的宣言 (linguistic declaration)」との相違に関係している。サールの説明では、命令の場合には、命令の行為の遂行が宣言を構成するのではなく、この行為遂行の仕方が宣言的であることになる。しかし、「宣言的に遂行された (declaratively performed)」ということと「明示的に遂行された (explicitly performed)」ということには何の違いもない〔p. 37〕。つまり、言語的宣言は、宣言の遂行ではないという意味で、宣言ではないのである。

(8) 例えば、漫才や演劇における発話などが、このような立場の違う聞き手がいるケースに相当する。そこでは、舞台の上の対話の相手へ向かってのコミュニケーションと観客へ向かっての伝達とが二重に行われている。

(9) 「私は疲れている」というような指標詞を含んだ文の真理条件を提案したのは、「真理と意味」(1967) におけるデイヴィドソンである〔Davidson (1967) p. 34, 邦訳 p. 25〕。この論文において、デイヴィドソンは、タルスキ (A. Tarski, 1902-1983) による形式言語に対する真理の定義を、自然言語に拡張する方法を示そうとしている。

第四章

(1) クラークは、ゴールドマンに従った存在論を採用し、「行為の階段 (action ladder)」という概念を導入し、これを言語行為論に適用している〔Clark (1996) Chap. 5〕。しかし、ゴールドマンの立場を取るなら、過剰に多くのものが異なる行為として同定されることになってしまう。

(2) これは柏端（1996, p. 11）に従った記述である。

(3) この訳は、菅の訳に従っているが、本書の用語に合わせ、「intention」を「意志」ではなく、「意図」と訳を換えた。

(4) デイヴィドソンとアンスコムの立場の違いについては、菅（1994）、Wilson（2002）を参照のこと。

(5) タイプとトークンの区別は、もともと、パース（C. S. Peirce, 1839-1914）により導入された。タイプが抽象的存在物であるのに対し、トークンはタイプの特定の事例である。例えば、文はタイプであるが、その文の発話はトークンである。

(6) 「メレオロジー」は、部分・全体関係を基本にした形式的存在論を意味している。標準的メレオロジーでは、xとyが対象であれば、xとyの融合物も、また、対象として存在すると考える。デイヴィドソンの主張するような出来事論を記述するためには、四次元メレオロジーが必要となる。四次元メレオロジーの形式的表現は、中山（2004b）で与えられている。

(7) この（7a）の条件は、次のようにも書ける：

Sが状態Zを惹き起こすためにXをなす ⇔

[(S) {欲求：{状態Zが成り立つ、…}、信念：{行為XがZを惹き起こす、…}、意図：{Xを実行する、…}} & SはXをなす)]

ただし、逸脱的因果のため、この規定には例外が存在する。これは、この図式が完全な誤りであることを示しているのではなく、この図式が捉えているのが「Sが状態Zを惹き起こすためにXをなす」ことのプロトタイプ的特徴の表現であることを示唆している。

(8) 本書で扱う辞書的意味は、三省堂『新明解国語辞典』（1997）からのものである。

(9) 前提と遂行動詞の意味の関係を分析することは、今後の課題として残された。また、前提の分析は、中山（2004c）でなされている。

(10) 付加条件については、表2を参照されたい。

(11) 正確には、発話に含まれている文脈依存性を消し去る必要がある。発話状況を考慮した文脈の明示化については、安本・中山（2004）が論じている。ちなみに、テーゼ（11）が成り立つことを示すことは言語行為論の根本問題であり、多くの論者が解決を試み、失敗してきたものである。解決の試みに、Bach and Harnish（1979）や Searle（1989）などがあるが、これらの試みには多くの批判がなされている〔Grewendorf and Meggle（eds.）（2002）〕。

(12) この記述は、グライスの「非自然的意味（non-natural meaning）」の規定と関連しているように思われるが〔Grice（1989）〕、「意図」の概念が本書とグライスでは異なるなど不明確な点も多く、詳細については今後の研究で明らかにする必要がある。

第五章

（1） Searle（1989）やヴァンダーヴェーケンのアプローチの問題は、ここで説明したような宣言の誤った規定を基盤に言語行為を説明しようとしたことにある。彼らのアプローチは、根本のところで誤っていたのである。

第六章

（1） トマセロ（M. Tomasello）らによる乳幼児の言語習得に関する研究は、二十四ヶ月児たちが言語学習の場面で大人の特定の意図をすでに理解していることを示唆している〔Tomasello（1997）〕。トマセロが提唱する社会プラグマティックアプローチによれば、「子どもたちは機械的な対応づけ手順や仮説検証によってことばを学習しているのではなく、彼らが他の文化的スキルや慣習を学ぶのと同じ基本的なやり方で学んでいる」〔邦訳 p. 60〕。また、「語の学習が行われるすべての事物において、子どもは大人の指示意図を理解するための能動的な努力を行っている」〔邦訳 p. 60〕。このように、言語学習と他者に心的状態を帰属するスキルの上達は、子どもにおいて同時進行していると思われる。特に、大人の指示意図の特定は、言語学習に不可欠であると考えられる。子どもは、大人の怒りや喜びや興奮などの心的状態に関心を持ち、それに敏感に反応していると思われる。また、乳児は、胎児の時のように、母親の心的状態を環境と分離せずに感じとっているだろう。自閉症は、このような「心の接触」を受け取る能力の機能的欠如として説明されると言われる。だから、「心の接触」から「大人の心的状態の感じ取り」を経て「大人の命題的態度の感じ取り」へと発展していく「心の交わり」のスキルの発達が、乳幼児の言語取得を容易にしていると考えられる。

（2） 詳しい議論は、中山（2004a）で展開されている。

（3） クラークも会話を共同行為として扱っている〔Clark（1996）〕。しかし、クラークは、共同行為が協調（coordination）を基盤に成り立つと、単純に考えている〔p. 29〕。トゥオメラや私の提案は、集団的志向性が共同行為の中核にあると考える点で、クラークの見解と大きく異なっている。

（4） 詳しい議論は、中山（2004a）で展開されている。

（5） 詳しい議論は、中山（2004a）で展開されている。

第八章

（1） この章での議論は、はじめ、中山（1998）で試みられたものである。

（2） カントが主張した先験性をクワインが受け入れないことは、極めて重要である。カントにおいて基礎付け主義が成り立ちうるのは、先験性の分析が経験科学を超えた領域に属し、従って、哲学者占有の専門領域にゆだねられているという考察からである。先験的認識構造の存在を拒否するクワインにとり、基礎付け主義は受け入れがたいものであり、「認識論の自然化」が叫ばれることになる。

（3） ここで、私は「信念体系」を「信念総体」と同じ意味で用いている。信念体系は、私が好んで用いる用語であり、「信念総体」はクワインの用語である。

（4） ローダン（L. Laudan）は、「パラダイム」の代わりに「研究伝統」という語を用いて科学活動の進展を説明している〔Laudan（1977）〕。ローダンにとり、科学者は、特定の研究伝統に属しながら問題解決を試みる人々のことである。ローダンの科学活動の記述は、クーンの記述よりもより実情に即したものと言えるだろう。ローダンにとり、科学の目的は、問題解決の拡大にある。そして、この目的に向かって複数の研究伝統の発生・競合・没落・統合が繰り返されていくことになる〔中山（2002a）〕。

あとがき

本書のテーマは複数ある。心の哲学、言語行為論の分析、集団的志向性の分析、社会組織の成立と存続、クーン流の科学哲学、認識の集団性、認識の歴史性などである。本書においては、これらのテーマが生み出す全体像を描いたつもりである。統一像を描くことにより問題を理解しようとするのが、僕の思考の一つの方法かもしれない。前著『時間論の構築』においては、この統一像構築の試みを時間の問題に関して行ったが、本書では、心と社会の関係や個人と集団の間の関係を明らかにすることによって、人間についての統一像を描こうと試みた。個々のテーマについては、長年考えてきたものや最近考えたものが混在しており、それらの完成度についてはバラバラかもしれない。不十分な点については、批判を受けながら、これからも問題を掘り下げる作業を続けようと思っている。個々のテーマへの取り組みについては、個人的なきっかけや人々との出会いが結びついている。ここでは、これらの個人史を記し、自分の思考の起源をたどってみたい。

心の哲学への僕の考察は、五年ほど前から始まったと思う。僕自身は、言語哲学を専門としており、心の哲学の問題をはじめから正しく捉えていたわけではなかった。ひとつのきっかけは、大学院生として僕の演習に参加していた前田高弘氏の影響があったと思う。前田氏の研究発表などを通して、心の哲学の中で何が問題になっているかを理解していったように思う。また、他の刺激は、「認知科学」と題したテーマで大阪大学人間科学部で講義をするようになり、神経科学や心理学のアプローチについてもある程度勉強するようになったことがある。このような中で試行錯誤した結果、僕の現在の立場は、デイヴィドソンの非法則的一元論とデネットの説明・予測戦略の考えを組み合わせたような立場となっている。

僕の言語行為論への取り組みは、十年に満たないものだろう。言語行為論についての論文を僕がはじめて発表したのは、一九九八年のことである〔Nakayama (1998)〕。それ以来、言語行為論についてのいくつかの論文を書いてきたが、その基本的主張は変わっていない。それは、態度帰属のゲームの一部として言語行為を捉えるということである。どのようなきっかけがあってこの論文を書いたかは、いまは、覚えていない。しかし、僕と対立する立場にある山田友幸氏の批判や助言は、その後の僕の考察にとり有益なものだったと感じている。

「我々-志向性」とも呼ばれる集団的志向性の分析のきっかけは、はっきりしている。それは、サールの『社会的現実性の構築』(1995) を読み、社会的現実性が人々の心的状態に支えられているという構想にはじめて触れたことにある。しかし、僕は、すでにこのとき、サールの分析は誤りであるという確信を抱いていた。サールを批判的に考えるうえで、トゥオメラの考察がおおいに参考になった。トゥオメラの仕事を僕に示してくれたのは、行為論を研究している柏端達也氏だった。

社会組織の成立と存続の問題へのアプローチは、サールと異なる解決を模索する中で、複雑系の科学の考えを取り入れようとしたことに、その出発点がある。この問題に関する僕の最初の論文は、二〇〇一年に書かれたものである〔Nakayama (2001a)〕。ルーマン (N. Luhmann, 1927-1998) は、オートポイエーシス (autopoiesis, 自己製作) という概念を中核にすえた社会システム理論を提案したが、「コミュニケーション」という概念を独特に変形・抽象化して展開する彼の思弁は、僕にとり受け入れがたいものだった。マトゥラーナとヴァレラのオートポイエーシス論についても、あまりに、自己関係性が強調され過ぎており、相互作用全体が適切に捉えられていないことを直観した。そこで、僕は、「自己製作」という概念に代わって「自己存続の自己目的化」という概念を鍵概念として提示したのである。そして、この自己存続の自己目的化を集団的志向性と組み合わせることにより社会組織の成立と存続が説明できるという、僕の構想が生まれた。また、本書の第七章を書くにあたり、池田清彦氏の構造主義生物学の考えが参考になった〔池田 (2002)〕。

クーン流の科学哲学を認識論の視点から再構成する試みは、一九九五年に書いた論文から続いている〔中山 (1995a)〕。きっかけは、「AGM理論」と呼ばれるゲルデンフォースらの提案した信念改訂を記述する形式理論への不満から発している〔Gärdenfors (1988)〕。AGM理論は、確率論や反事実条件文などとも関連性を持つすばらしい理論なのだが、理論的制約が強すぎて科学革命などにおける信念改訂の記述に用いることができない。そこで、形式的な厳密性を保ったまままもっと自由に適用可能な理論が必要になる。このような考えに従い僕が提案したのが信念構造の理論（TBS）なのだが〔中山（1995a, 2002a), Nakayama（2001b)〕、形式的側面からあまり魅力のない理論であっても、認識論の問題を考えるのに必要な柔軟性を備えた枠組みだと、僕は思っている。

認識の集団性の問題への取り組みは、フラー（S. Fuller）の『科学が問われている』を読み、社会的認識論（social epistemology）という可能性に気づかされたことが関係している〔Fuller（1997)〕。一九九〇年代に、行為論に関しても、認識論に関しても、個人的観点からではなく、集団的観点からも問題を捉えようとする動きがはじまってきたと思う。これは、世界的に現在進行中のプログラムであり、今後も、有益な仕事がなされていくのではないかと思っている。

最後に、第八章で扱った認識の歴史性の問題があるが、これは、本書のテーマの中で最も起源が古い。この問題は、僕がベルリン自由大学で修士論文を書いたとき、その最終部で触れた問題から始まっている。それは、ガダマーの「理解地平」や「理解地平の拡張」などの考えを、形式的手段を用いて表現する試みだった。ハーバマス（J. Habermas, 1929-　）はガダマーの哲学を評して、「ガダマーはハイデガーの田舎を都会化する」と述べている〔Habermas（1979）p. 13〕。それは、ガダマーの哲学が、ハイデガー（M. Heidegger, 1889-1976）の独断的側面を削り、その基本的主張をより広い視野の中に再構成していることを意味していたと思われる。第八章では、ガダマーの考えがところどころで変形して使われている。しかし、『真理と方法』（1960）で述べられているガダマーの考察を、直接、本章で取り上げることは困難だった。この困難さは、ガダマーが、僕が拒否しようとするヘーゲルの伝統を受け入れながら議論しているところなどにも現れている。ある意味で、ガダマーの思考は、分析哲学的視点からさらに「都会化」する必要があるのだ。そこで、本書では、ガダマーとは独立の形で議論を進めることにした。

僕がドイツへ行ってはじめて学んだのはハイデルベルク大学だったが、当時、名誉教授だったガダマーは、しばしば夏学期だけ講義を行っていた。テーマは、おもにプラトン哲学に関するものだったと記憶している。教壇に立つガダマーが、役者のようにいきいきとプラトンの対話編の一部を力強く読み上げコメントを与える姿は、印象的だった。

本書第八章で、僕は、信念の起源の問題について論じた。この「あとがき」では、本書を形作るにいたった僕の信念の源をたどってみた。人々が過去に考えたさまざまなものを受け取りながら、僕なりにそれを吸収・変形・編集し、新しい考えを加え、統一化することにより本書はできあがったのだ。

ここで、社会組織成立の問題についての個人的体験を述べておく。僕は、ドイツで十四年半の間生活したのだが、その間は外国人として生きていた。しかし、ドイツはかなり公正な社会であり、真剣に問題に取り組み成果をあげれば、それを正当に評価してくれる社会だと思う。組織の構成員であるとともに、そこを離れて一人の人間としても生きることを自覚してドイツ人たちは生きており、そのことを可能にするような社会組織の構造をドイツ人たちは実現していたと思う。日本人が「会社人間」と言われるように、このような状態は日本ではまだ実現していないだろう。例えば、会社から休暇を取り、二週間別の国でのんびり生活してみれば、自国で経験するのとは別の世界があることを肌で感じられるのではないだろうか？　僕の青春の半分は日本で経験し、他の半分はドイツで経験した。この経験を日本で生かすことはまだできていないが、それが何だったかをもっと明らかにできればと思う。

ドイツでの生活のうち、一九八〇年春から一九九一年春までを、僕は、当時の西ベルリンで過ごしている。大半は、ベルリン自由大学の学生だったのだが、最後の二年半は、ある大企業の研究所に勤めていた。一九八九年まではベルリンの壁があり、それは第二次世界大戦がベルリンではまだ完全には終結していないことを示しているようだった。当時、西ベルリンの若者たちには兵役が免除されており、これを理由にベルリンに来る若者たちもいた。また、地下鉄は、東ベルリンを通っている箇所もあり、使用禁止になっていた東ベルリンの駅は止まらずに走り抜けていた。そして、西ベルリンでは、西側と東側のテレビ放送の両方を見ることができ、西側の報道がいかに誤っているかを正そうとする東側のテレビ番組などもあった。このように、壁があった頃、西ベルリンは、世界で他に類を見ない独特な都市であったと思う。そして、一九八九年、ベルリンの壁が崩壊する。そして、これをきっかけに、東ヨーロッパ全体が変わっていった。東ドイツの人々は、ドイツ統一後、さまざまな個人的自由を手に入れる一方、よりきびしい競争社会の中に組み込まれることになった。それは、東ヨーロッパ全体にも当てはまる。日本にいるよりもドイツにいる方が、これらの変化はより身近に感じられる。そして、国家は、確固としたものに思われても、最終的には、人々がそのような国家の存在を集団的に承認しているものだということは、単に理論的問題としてではなく、実感をともなったものとして、自分は受け止めることができた。

本書の内容については、大阪大学人間科学部および京都大学文学部において何度か講義を行った。特に、二〇〇四年第一学期に大阪大学人間科学部において本書の内容に沿った講義を行い、口頭であるいは筆記試験という形でさまざまな指摘を受けた。これらの指摘のうち適切と思われるものは、最終原稿に反映させた。真剣に考えて批判を与えてくれた学生たちに、この場をかりて感謝したい。また、本書は、平成十三年度～平成十五年度科学研究費補助金（基盤研究（C）（2）「動的意味論とコミュニケーション理論の統合」研究課題番号 13610008）と平成十六年度～平成十八年度科学研究費補助金（基盤研究（C）（2）「志向性と言語と社会の関係についての分析哲学的研究」研究課題番号 16520019）の支援を受けた研究の成果の一部であることを付け加えておく。

最後に、本書の出版を快く受け入れていただいた編集長の富岡さんに感謝したい。本書の出版は、驚くほどに、スムーズに進んだ。このような形で本書が出版されることは、哲学に取り組む者にとり最良のものであると強く感じている。

二〇〇四年九月

著　者

人 名 索 引

人名索引

ま行

ら，や行

事　項　索　引

ア　行

カ　行

文 献 表

Anscombe, G. E. M. (1957) *Intention*, Harvard UP. (アンスコム (1984) 菅豊彦 (訳)『インテンション』産業図書).

Astington, J. W. (1993) *The Child's Discovery of the Mind*, Harvard UP. (アスティントン (1995) 松村暢隆 (訳)『子供はどのように心を発見するか』新曜社).

—— (2000) "Language and Metalanguage in Children's Understanding of Mind," in : J. W. Astigton (ed.) (2000) *Minds in the Making*, Blackwell, pp. 267-284.

Austin, J. L. (1962) *How to Do Things with Words*, Harvard UP. (オースティン (1978) 坂本百大 (訳)『言語と行為』大修館書店).

Bach, K. and Harnish, R. M. (1979) *Linguistic Communication and Speech Acts*, MIT Press.

Bartsch, K. and Wellman, H. M. (1995) *Children Talk about the Mind*, Oxford UP.

Clark, H. H. (1996) *Using Language*, Cambridge UP.

Cohen, L. J. (1969) "Do Illocutionary Forces Exist ?" in : K. T. Fann (ed.) (1969) *Symposium on J.L. Austin*, RKP.

Cohen, P. R. and Perrault, C. R. (1979) "Elements of a Plan-Based Theory of Speech Acts," *Cognitive Science*, 3(3), pp. 177-212. Reprinted in : B. Webber and N. Nilson (eds.) (1985) *Readings in Artificial Intelligence*, Morgan Kaufmann, pp. 478-495.

Davidson, D. (1967) "Truth and Meaning," in : Davidson (1984), pp. 17-36.

—— (1980) *Essays on Actions and Events*, Oxford UP. (デイヴィドソン (1990) 服部裕幸・柴田正良 (訳)『行為と出来事』勁草書房).

—— (1984) *Inquiries into Truth and Interpretation*, Clarendon Press. (デイヴィドソン (1991) 野本和幸他 (訳)『真理と解釈』勁草書房).

—— (2001) *Subjective, Intersubjective, Objective*, Clarendon Press.

Dennett, D.C. (1987) *The Intentional Stance*, MIT Press. (デネット (1996) 若島・河田 (訳)『「志向姿勢」の哲学』白揚社).

Dummett M. (1981) *The Interpretation of Frege's Philosophy*, Harvard UP.

Frege, G. (1884) *Die Grundlagen der Arithmetik*, Breslau. (フレーゲ (2001) 野本和幸・土屋俊 (編)『フレーゲ著作集 2』勁草書房).

── (1891) "Funktion und Begriff," (「関数と概念」フレーゲ (1988) pp. 3-31).

── (1892) "Über Sinn und Bedeutung," *Zeitschrift für Philosophie und philosophische Kritik*, pp. 25-50 (「意義と意味について」フレーゲ (1988) pp. 33-63).

── (1918-19a) "Der Gedanke," *Beiträge zur Philosophie des deutschen Idealismus*, Band I, pp. 58-77 (「思想」フレーゲ (1988) pp. 99-132).

── (1918-19b) "Die Verneinung," *Beiträge zur Philosophie des deutschen Idealismus*, Band I, pp. 143-157 (「否定」フレーゲ (1988) pp. 133-157).

── (1923-26) "Logische Untersuchungen. Dritter Teil: Gedankengefüge," *Beiträge zur Philosophie des deutschen Idealismus*, Band I, pp. 58-77 (「複合思想」フレーゲ (1988) pp. 159-187).

── (1975) *Funktion, Begriff, Bedeutung*, hrsg. von G. Patzing, 4. Auflage, Vandenhoeck & Ruprecht.

── (1976) *Logische Untersuchungen*, hrsg. von G. Patzing, 2. Auflage, Vandenhoeck & Ruprecht.

フレーゲ (1988) 藤村龍雄 (訳)『フレーゲ哲学論集』岩波書店.

Fuller, S. (1997) *Science*, Open University Press. (フラー (2000) 小林傳司他 (訳)『科学が問われている』産業図書).

Gadamer, H.G. (1960) *Wahrheit und Methode*, 4. Auflage J.C.B. MOHR 1975.

Gärdenfors, P. (1988) *Knowledge in Flux*, MIT Press.

Geis, M.L. (1995) *Speech Acts and Conversational Interaction*, Cambridge UP.

Gell-Mann, M. (1994) *The Quark and the Jaguar: Adventures in the simple and the complex*, Freeman & Co., New York. (ゲルマン

(1997) 野本陽代（訳）『クォークとジャガー』草思社).
Grewendorf, G. (2002) "How Performatives Don't Work," in : Grewendorf and Meggle (2002), pp. 25-39.
Grewendorf, G. and Meggle, G. (eds.) (2002) *Speech Acts, Mind, and Social Reality*, Kluwer Academic Pub.
Grice, P. (1989) *Studies in the Way of Words*, Harvard UP.
Habermas, J. (1979) "Urbanisierung der Heideggerschen Provinz : Laudatio auf Hans-Georg Gadamer," in H-G, Gadamer und J. Habermas (1979) *Zwei Reden aus Anlass des Hegel-Preises*, Suhrkamp taschenbuch, pp. 9-31.
Harnish, R. M. (2001) "Frege on Mood and Force," in : I. Kenesei and R. M. Harnish (eds.) (2001) *Perspectives on Semantics, Pragmatics, and Discourse*, John Benjamins, pp. 203-228.
Holmström-Hintikka, G. and Tuomela, R. (1997) *Contemporary Action Theory Vol.2 : Social Action*, Kluwer Academic Pub.
池田清彦（2002）『生命の形式――同一性と時間』哲学書房.
井庭崇・福原義久（1998）『複雑系入門』NTT 出版.
Jacob, P. (2003) "Intentionality," in : *Stanford Encyclopedia of Philosophy*. http://plato.stanford.edu/entries/intentionality
Kant, I. (1787) *Kritik der reinen Vernunft*.
菅豊彦（1994）「志向性と行為」『分析哲学とプラグマティズム』岩波講座現代思想 7, pp. 189-213.
柏端達也（1997）『行為と出来事の存在論』勁草書房.
Kuhn, T. S. (1962) *The Structure of Scientific Revolutions*, Chicago UP, 2nd edn. 1970.（クーン（1971）中山茂（訳）『科学革命の構造』みすず書房).
子安増生（2000）『心の理論』岩波書店.
小山虎・中山康雄（2001）「代名詞の意味論：代名詞の E-type 的用法を批判する」『大阪大学大学院人間科学研究科紀要』27, pp. 19-39.
Laudan, L. (1977) *Progress and its Problems : Towards a Theory of Scientific Growth*, University of California Press.
中才敏郎（1995）『心と知識』勁草書房.
Nakayama, Y. (1998) "Attitudes and Classification of Utterances," *Annals of the Japan Association for Philosophy of Science*, Vol. 9

No. 3, pp. 37-53.
—— (1999) "Mereological Ontology and Dynamic Semantics," *Annals of the Japan Association for Philosophy of Science*, Vol. 9 No. 4, pp. 29-42.
—— (2001a) "Collective Intentionality and Social Organization" *Annals of the Japan Association for Philosophy of Science*, Vol. 10, No. 2, pp. 53-64.
—— (2001b) "Scientific Reasoning and Belief Structure," *Proceedings of the International Conference on Artificial Intelligence*, vol. II, CSREA Press, pp. 881-887.
—— (2003) "Language Understanding in Joint Actions" *First International Workshop on Language Understanding and Agents for Real World Interaction : Proceeding of the Workshop*, pp. 55-62.
中山康雄（1995a)「科学活動と信念構造」『科学基礎論研究』Vol. 23 No. 1, pp. 37-43.
——（1995b)「時間と生——行為主体にとっての時間」『大阪大学人間科学部紀要』21, pp. 1-22.
——（1998)「認識の歴史性」『年報人間科学』19, pp. 1-19.
——（2001a)「態度帰属の意味論」『大阪大学大学院人間科学研究科紀要』27, pp. 1-17.
——（2001b)「感覚の構造——感覚質をめぐる問題」『年報人間科学』22, pp. 1-15.
——（2002a)「経験主義的全体論」『科学基礎論研究』Vol. 29, No. 2, pp. 9-15.
——（2002b)「行為としての発話」『大阪大学大学院人間科学研究科紀要』28, pp. 63-79.
——（2003a)『時間論の構築』勁草書房.
——（2003b)「志向性と社会の成立」哲学論叢，京都大学哲学論叢刊行会編, pp. 96-108.
——（2004a)『動的意味論とコミュニケーション理論の統合』平成 13 年度～平成 15 年度科学研究費補助金（基盤研究（C)（2))研究成果報告書，研究課題番号 13610008.
——（2004b)「四次元メレオロジーと存在論」『科学基礎論研究』第 101 号, Vol. 31, Nos. 1-2, pp. 9-15.

—— (2004c)「前提と信念」『大阪大学大学院人間科学研究科紀要』30, pp. 93-112.
野本和幸 (1997)『意味と世界』法政大学出版局.
小畑清剛 (1991)『言語行為としての判決——法的自己組織性理論』昭和堂.
Putnam, H. (1962) "The Analytic and Synthetic," Reprinted in : Putnam (1975) pp. 33-69.
—— (1975) *Mind, Language and Reality : Philosophical Papers*, vol. 2. Cambridge UP.
Quine, W. V. O. (1951) "Two Dogmas of Empiricism," Reprinted in Quine (1961) pp. 20-46.
—— (1960) *Word and Object*, MIT Press.
—— (1961) *From a Logical Point of View*, Harvard UP, 2nd. edn. (クワイン (1992) 飯田隆 (訳)『論理的観点から』勁草書房).
—— (1991) "Two Dogmas in Retrospect," *Canadian Journal of Philosophy*, Vol. XXI, No. 3, pp. 265-274. (冨田恭彦 (訳)「「二つのドグマ」を回顧して」『思想』No. 861, 1996年3月号所収 pp. 124-136).
Searle, J. R. (1969) *Speech Acts : An Essay in the Philosophy of Language*, Campridge UP. (サール (1986) 坂本百大・土屋俊 (訳)『言語行為』勁草書房).
—— (1979) *Expression and Meaning — Studies in the Theory of Speech Acts*, Cambridge UP.
—— (1983) *Intentionality : An Essay in the Philosophy of Mind*, Campridge UP.
—— (1989) "How Performatives Work," *Linguistics and Philosophy* 12, pp. 535-558.
—— (1995) *The Construction of Social Reality*, The Free Press.
—— (1998) *Mind, Language and Society*, Basic Books.
Sperber, D and Wilson, D. (1986) *Relevance : Communication and Cognition*. Blackwell. (スペルベル&ウイルソン (1993) 内田聖二他 (訳)『関連性理論——伝達と認知』研究社出版).
Stillings, N. A. et al. (1987) *Cognitive Science : An Introduction*, MIT Press. (スティリングス (1991) 海保博之他 (訳)『認知科学通論』新曜社).

丹治信春（1996）『言語と認識のダイナミズム』勁草書房.

Tomasello, M. (1997) "The Pragmatics of Word Learning"『認知科学』4-1, pp. 59-74.（小林春美（訳）「語意学習におけるプラグマティックス」今井むつみ（編著）（2000）『心の生得性』共立出版, pp. 55-78).

Trivers, R. L. (1971) "The Evolution of Reciprocal Altruism," *Quarterly Review of Biology* 46, pp. 35-57.

Tuomela, R. (1998) "Social Action" in : *Routledge Encyclopedia of Philosophy*, pp. 822-824.

── (2002) *The Philosophy of Social Practices*, Cambridge UP.

Vanderveken, D. (1991) *Meaning and Speech Acts*, vol. 1 and 2, Cambridge UP.

Wilson, G. (2002) "Action," *Stanford Encyclopedia of Philosophy*, http://plato.stanford.edu/entries/action/

Wittgenstein, L. (1953) *Philosophische Untersuchungen*.

Yamada, T. (2002) "An Ascription-Based Theory of Illocutionary Acts," in : D. Vanderveken and S. Kubo (eds.) *Essays in Speech Act Theory*, Pragmatics & Beyond New Series 77, John Benjamins, pp. 151-174.

安本英奈・中山康雄（2004）「遂行分析と遂行動詞の意味」『日本認知科学会第 21 回大会発表論文集』pp. 92-93.

著者略歴

1952 年　静岡県に生まれる
1975 年　京都大学理学部卒
1987 年　ベルリン自由大学哲学部哲学博士（Dr. phil.）の学位取得
現　在　大阪大学大学院人間科学研究科教授
著　書『時間論の構築』（勁草書房、2003 年）
論　文 “Der deskriptive Glaubensbegriff”（*Erkenntnis* Vol. 28 No. 1, 1988 年),「メタファーの解釈」(『科学基礎論研究』Vol. 30, No. 2, 2003 年）ほか

共同性の現代哲学　心から社会へ　双書エニグマ⑥

2004 年 11 月 20 日　第 1 版第 1 刷発行

著者　中《なか》山《やま》康《やす》雄《お》

発行者　井村寿人

発行所　株式会社　勁《けい》草《そう》書房

112-0005 東京都文京区水道 2-1-1　振替　00150-2-175253
電話（編集）03-3815-5277／FAX 03-3814-6968
電話（営業）03-3814-6861／FAX 03-3814-6854
大日本法令印刷・青木製本

ISBN 4-326-19909-1　Printed in Japan

http://www.keisoshobo.co.jp